口絵① 『枢密院憲法会議』五姓田芳柳 筆（明治神宮外苑聖徳記念絵画館所蔵）。明治21年5月からの約8カ月間に亙る枢密院会議での草案審議を経て皇室制度の基本法である皇室典範と国家の根本法である憲法が完成した。写真中央は明治天皇

口絵②　櫻町天皇即位絵図（神社本庁所蔵）。江戸時代以前の即位儀礼では礼服《らいふく》が着用されるなど唐風に執りおこなわれるところがあった

口絵③　大正天皇御即位礼絵巻（神社本庁所蔵）。大正４年の大正天皇即位礼は初めて皇室典範と登極令に則って斎行された。近世以前と比べて装束が唐風から国風に改められるなど変化がみられる

口絵④　平成の即位礼（平成２年 11 月 12 日）。皇居宮殿・正殿松の間に置かれた高御座《たかみくら》から即位された旨を宣言される天皇陛下。奥は御帳台にお立ちになられた皇后陛下（写真提供：共同通信社）

はじめに

本書は、『神社新報』紙面に、平成二十八年十月二十四日から翌二十九年四月三日まで全二十一回に亙って連載したシリーズ「皇室の制度と歴史」を元に、あらためて大幅な加筆訂正をおこなった上で書籍化したものである。

平成二十八年八月八日に天皇陛下には、「象徴」としてのお務めに関する「おことば」をビデオメッセージという形で発表された。「次第に進む身体の衰えを考慮する時、これまでのように全身全霊をもって象徴の務めを果たしていくことが、難しくなるのではないかと案じています」と述べられた陛下の「おことば」は、同年七月十三日にNHKの午後七時のニュース速報で「御意向」として報じられたこともあり、いわゆる「譲位」の御意向を示されたものとして、以後、陛下の「譲位」の問題が連日、多くのメディアで報じられることとなった。「おことば」発表後の九月初旬の朝日新聞、読売新聞をはじめとする各新聞社の世論調査では、国民の約八割から九割が「譲位（退位）」を支持するという結果も報じられることとなり、こうした調査結果は、まさに憲法に定める「象徴」天皇として、平成の御代を国民とともにひたすら弛みなく歩まれてきたことに対する国民の共感が表れた結果でもあった。

一方、こうした国民の共感とは裏腹に、現行の皇室典範は、そもそも終身在位を前提とした法規であることから、「譲位（退位）」の規定はなく、国事に関する行為をみずからすることができない場合は、摂政を置くことが基本にあるとされている。それゆえに「おことば」以後の政治課題として皇室典範の改正か、あるいは特別立法での対応かを巡って議論が生じることとなったが、政府、国会においては陛下の「おことば」を直接の理由としての典範の改正や法制化が「天皇は国政に関する権能を有しない」という日本国憲法第四条に抵触する恐れもあり、国政上の対応が慎重にならざるを得なかったことはいうまでもない。

その後、政府は平成二十八年九月二十三日付で、「天皇の公務の負担軽減等に関する有識者会議」を設置、以後、有識者による専門家へのヒアリングとともに、約半年間の議論がなされ、翌年一月二十三日の第九回会合にて論点整理を取りまとめて首相に提出、四月二十一日の第十四回会合で最終報告を提出した。一月におこなわれた第九回会議での論点整理の提出と前後して国会では、衆参両院正副議長が与野党からの意見を集約、国会としての陛下の譲位に対する見解を取りまとめて審議にかかる協議がなされ、政府が「天皇の退位等に関する皇室典範特例法」法案を準備、五月十九日に同法案を閣議決定して国会に提出した。国会では政府からの法案提出に基づき、特別委員会が設置されて審議がなされた後、六月二日に衆議院、六月九日に参議院にて法案が可決成立。同十六日に官報にて公布された。これにより、終身在位制の原則は保持されたままに、今上陛下一代に限り認めるという特例かつ将来の先例という形で公布の日から三年を超えない範囲で光格天皇以来、約二百年ぶりに天皇の譲位がおこなわれ、近代以降、初めて譲位を受けての御代替わりの儀式および改元がおこなわれる見通しとなった。

前述の有識者会議では、譲位・退位にかかる問題点や利点などの論点整理が実施され、譲位に賛成、反対する各専門家へのヒアリングの様子がマス・メディアで連日報道されるなかで、天皇・皇室をめぐる議論が俄かに活発となった。しかしながら、現行の皇室にかかる儀式をはじめとする制度の根幹ともなっている戦前の旧皇室典範と現行の皇室典範との制度的矛盾や、戦前期には完備されていたものの戦後GHQの占領下にて廃止となった皇室関係法令の未整備事項など、皇室のあり方・意義をめぐる本質的な課題については、ほとんどメディアでは取り上げられることはなかったといってよく、むしろ、譲位後の両陛下の敬称や「女性宮家」の問題、元号の問題などがクローズアップされ、極めて世俗的なものばかりが話題となっていたともいえる。安倍内閣の下で憲法改正に向けた具体的な発言や動きも見られる昨今、現行憲法の第一章に掲げられている天皇条項の問題、あるいは今後の皇位継承の問題も含めて、日本の国柄の根幹ともいうべき皇室について我々が考えるべきことは多いだけに、今後、皇室制度についての理解がまさに必須となってゆくものと考える。

そこで、先に記した『神社新報』紙上での連載が皇室制度に関して項目を立て、それぞれの歴史的な経緯について解説したものであったことから、あらためて今後の御代替わりに向けて天皇、皇室にかかる本質的な問題を考えるための参考資料とすべく本書を刊行した。本書を通じて、神職や氏子総代をはじめ、広く一般諸賢へ皇室のあり方、意義や皇室制度への理解がより深まればと思う次第である。

平成二十九年八月八日

國學院大學准教授　藤　本　頼　生

目次

（注）各項目ではいくつかの用語と人名についてキーワードとして説明文をつけています。
キーワードには「＊」の印をつけています。ぜひ御参照ください。

よくわかる皇室制度

象徴と天皇

日本国憲法の第一条には、「天皇は、日本国の象徴であり日本国民統合の象徴であつて、この地位は、主権の存する日本国民の総意に基く」とあり、第二条に「皇位は、世襲のものであつて、国会の議決した皇室典範の定めるところにより、これを継承する」とある。

「象徴」とは、辞書によると、「言葉では説明しにくい概念などを具体的なものによって表わす（代表させる）こと」（『新明解国語辞典』三省堂）、つまり、いわゆる「シンボル」のことである。しかしながら、「象徴」としての天皇の地位については、その意義、解釈は単なる辞書的な意味だけでは説明できない。

現行憲法および皇室典範制定にGHQ／SCAP（連合国軍最高司令官総司令部＝以下本書ではGHQと略す）が大きく関与したことはいうまでもないが、とりわけ憲法条文に「象徴」の文字を入れるように提案したのは、GHQ民政局のネルソン中尉やプール少尉であるとされる（西修『日本国憲法を考える』）。ただし、終戦当時の米国・英国・日本三国の政治論や君主論、憲法論がGHQ民政局の憲法草案者に影響を与えたことで「象徴」の言葉が組み込まれるに至ったという分析もある（中村政則『象徴天皇制への道』）。

現行憲法改正審議の折に、憲法担当国務大臣として約千三百回に亙って帝国議会の答弁に立った**金森徳次郎***は、北昤吉《きたれいきち》衆議院議員からの憲法と国体とに関する質問に対して次のように答弁している。

……我々日本人の、本當に日本の國の特色とでも云ふべきものは何であるかと云へば、我々の心の奥深く根を張つて居る所の其の心が、天皇との密接なる繫りを持つて居りまして、謂はば天皇を以て憧れの中心として國民の統合をなし、其の基礎に於て日本國家が存在して居ると思ふのであります

……私ははつきり見極め得る歴史の時代を通じ——詰り神祕的な歴史の時代は之を除きまして、我々が合理的に判斷し得られまする歴史の時代を通じ、又私共の心の中にはつきり把握して居るものを貫きまして、日本の國體と云ふものは先にも申しましたやうに、謂はば憧れの中心として、天皇を基本としつつ國民が統合をして居ると云ふ所に根底があると考へます、其の點に於きまして毫末も國體は變らないのであります

（昭和二十一年六月二十五日の衆議院本会議での金森徳次郎憲法担当国務大臣の答弁の一部）

この答弁のなかで金森が、いわゆる法理以外の言葉を持ち出したため、以後「**あこがれ憲法**」＊と批判を受けることとなった。この点、金森は回顧録で、議員のなかには自身の述べた「憧れの中心としての象徴」という言葉を理解せずに、天皇の実質的権能を否定していることを不満として金森に質疑答弁を求めた者もいたと語っている（金森徳次郎『憲法うらおもて』）。

なお、憲法条文中にある「象徴」に関しての現在の政府の公式見解は、「天皇のお姿、有形といいますか、具体的な天皇というお姿を通してその奥に日本国とああいう無形の抽象的な存在あるいは国民統合と

金森徳次郎

いう無形の抽象的な事柄を天皇というお姿を通して国民は思い浮かべるといいますか、そこで日本国としての統一性を天皇を通して感じとる」(昭和五十四年五月八日の参議院内閣委員会における真田秀夫内閣法制局長官の答弁)意味であるとしている。しかしながら、憲法第一条の意味として、「天皇の存在そのもの」「天皇の存在すべて」が「象徴」であると解するか、天皇の持つ特定の側面に限定して「象徴」と考えるかについては議論が分かれている(園部逸夫『皇室制度を考える』)。

また、現行憲法には「天皇は象徴」とあり、「(日本国の)象徴は天皇」と憲法条文で限定して記していない。そのため憲法上のみならず、一般的にみても日本(日本国)の「象徴」として考えられる事物は天皇以外にもあり得るわけであり(例えば富士山や国旗、国歌など)、天皇がそうした他の「象徴」的なものに比べて、「象徴」として何が特別なのかという点が天皇の地位を考える上でも重要であるといえよう。この天皇と「象徴」の関係性について葦津珍彦《あしづうずひこ》は、「むしろ天皇を〝象徴以上の何者でもない〟とした所に、その問題があるとも云ひ得る」(葦津『天皇・神道・憲法』)と述べていることも一つの参考となる。

現行憲法では、「元首」にして**統治権の総攬者＊**という明治憲法における天皇の地位は否定され、「天皇は、この憲法(日本国憲法)の定める国事に関する行為のみを行ひ、国政に関する権能を有しない」という第四条の規定にて「象徴」たる天皇の行為は、憲法が規定する国事行為に限定されることとなった。国事行為は国会召集や衆議院解散、外国大使及び公使の接受といった形式的儀礼的な権能(社交的権能)が多いため、天皇は国政に関して消極的であり、かつ受動的なものと考えられている。

さらに、この第四条の規定は、天皇も皇族も政治に関して何らかの主張をしたり、権利行使をすることは認められないと解釈されており、事実、皇族も選挙権、被選挙権を持っていない。この点に関していえば、昭和四十八年五月に増原惠吉防衛庁長官が、防衛問題について昭和天皇に内奏＊した際の内容を記者会見にて紹介したことが新聞記事に取り上げられ、天皇の政治利用と批判がなされて問題化し、辞任に追い込まれたケースもあった。

ちなみに「象徴」たる天皇の地位については、学説上も解釈が分かれており、単なる「象徴」ではなく、「君主」「元首」などと解する説もある。一方で、わが国には「元首」は存在しないとする説、内閣総理大臣を「元首」とする説、誰が「元首」であるかを議論すること自体に意義がないとする説、わが国は君主制ではなく共和制であるとする説（宮沢俊義など）といった天皇を「元首」とすることに疑問を呈する考え方もあり、学説は一定していない。

しかし、通常、国家元首は、国家・国民統合の「象徴」と解されていることもあり、内閣法制局でも「元首」と解しても差支えなく、定義の如何によっては「象徴たる天皇は元首である」と国会答弁で認めている（昭和六十三年十月十一日参議院内閣委員会における大出峻郎内閣法制局第一部長の答弁）。そのため、実質的な国家統治の大権を持たなくても、とくに外交関係において天皇は国を代表する側面もあることから、「元首」と解する場合もある。事実、憲法の英訳では天皇を「Emperor」と表記していることを踏まえても、外国からみれば、天皇は、立憲君主国の「元首」と解されているといえよう。

◆キーワード

＊金森徳次郎

明治十九年、愛知県生まれ。戦前期の大蔵・法制官僚で岡田啓介内閣の法制局長官を務める。戦後、貴族院議員を経て、第一次吉田茂内閣において憲法担当の国務大臣に就任、日本国憲法の制定にかかる答弁に立つ。憲法制定後は、初代国立国会図書館館長に就任、昭和三十四年に七十三歳で逝去。著作に『帝国憲法要綱』『法学通論』『憲法随想』『憲法のはなし』などがある。

＊あこがれ憲法

国会における憲法改正審議において約千三百回の答弁に立ったことでも知られる金森徳次郎憲法担当国務大臣は、衆議院における大日本帝国憲法改正審議の際に、天皇主権から国民主権になったこと、つまり、国体は変わったのかという質問に対して、「政体は変ったといえるが、天皇があこがれの中心であるという点では国体は変っていない。水は流れるけれども川は流れないのである」と答弁したことで、以後、「あこがれ憲法」と呼称されることとなった。

＊統治権の総攬者

統治権を統合、掌握して治めることを指し、この場合具体的にいえば、国や地方、行政などの政策を天皇の指揮・監督下に置くということ。

＊内奏

天皇に対して国務大臣らが国政の奏告（報告）をおこなうこと。具体的には、内閣などから人事・外交・議会関係などの重要案件を申し上げることで、基本的に内奏の内容は明かされないこととなっている。

天皇の地位

現行憲法における天皇の地位、つまり「皇位」というものをいかに考えるか。それは日本国憲法第一条の「天皇は、日本国の象徴であり日本国民統合の象徴であつて、この地位は、主権の存する日本国民の総意に基く」という条文によれば、「日本国の象徴であり日本国民統合の象徴」ということになる。

しかしながら、歴史的にみても天皇は、現在の「象徴」というお立場以上に、そもそも神話に連なる三種の神器を相承することによって、その地位に立ってきたことを抜きにしては語れない。

また、天皇の権能としては、時代によっては、貴族や武士などにより政治の実権が握られようとも、名目的には天皇からの委任を受けたとの名分のもとに政治が執行されてきたのであり、天皇は百二十五代に亙って国家の権力・権威の源泉として、日本および日本国民を統治し、敬仰の対象とされてきた。その意味で、天皇は日本と日本国民にとってまさに特別な存在であるといえよう。ゆえに現行制度の解説に加えて歴史的な観点も踏まえながら、天皇の地位について少し述べることとしたい。

まず、古くから使われてきた「天皇に私なし」という言葉に代表されるように、天皇陛下には現在、憲法で定められた日本国および日本国民を代表し、国事行為等をおこなう、「公人」としてのお立場がある。

また、先述の通り、憲法第一条では天皇を「日本国および日本国民統合の象徴」と位置づけているが、この象徴という地位をいかに考えるかという点については、本書三頁の「象徴と天皇」の項を参照されたい。

表1　各国憲法における国王の地位に関する規定状況

	国王の地位			国王の不可侵性・無答責
	元首	象徴	それ以外	
デンマーク	×	×	×	○
ベルギー	×	×	△	○
オランダ	×	×	×	○
ノルウェー	×	×	○（25条）・△（35条）	○
スウェーデン	○	×	×	○
スペイン	○	○	×	○
タイ	○	×	○	○
カンボジア	○	○	○	○
日本	×（ただし明確な解釈なく、対外的には元首的な語を使用する例も）	○	×	帝国憲法の第三条には規定あり

（衆憲資第36号「天皇制（皇室典範その他の皇族関連法に関する調査を含む）に関する基礎的資料」平成16年2月、衆議院憲法調査会事務局をもとに筆者作成）

象徴という地位は、現行憲法で新たに付与されたものであるため、現行制度が旧皇室典範、大日本帝国憲法など過去の天皇にかかる制度と断絶し、かつ内閣との関係においても象徴たる天皇を内閣よりも下にみる考え方がある。一方で、政府としては、現行憲法制定時の帝国議会での議論にみられるように、過去との一貫性を強調し、国体は本質的に変更されていないという考え方をとっている。

事実、金森徳次郎憲法担当国務大臣は、昭和二十一年七月四日の第九十回帝国議会衆議院帝国憲法改正案委員会にて「天皇が國民の下位に置かるると云ふ思想は毫末も含んでは居りませぬ」と答弁している。また、同年九月十三日の貴族院帝国憲法改正案特別委員会においても金森は、「主權は國民に在るが、どんな形で國民に在るかと云ふと、天皇を中心として在る」と明言している。ゆえに政府としては、大東亜戦争敗戦以前に主張されていた**神権説**＊のような考え方はとらないまでも、天皇の地位は憲法改正後も変化しておらず、歴史的な事実としても常に国民統合の象徴であったと説明している。

そのことは、当時の憲法学界の多数説が、戦後の日本は国民主権となって法的には国体が変更したと考えながらも、天皇については、統治大権は無くなったものの、「国家の中心としての天皇の地位は之を維持してゐる」（美濃部達吉＊『日本国憲法原論』）という観点から、戦前と戦後で連続性を持つと解釈していたことからも窺うことができる。

一方で、第三代の最高裁判所長官を務め、戦後、天皇制否定論を述べた横田喜三郎（東京帝国大学教授、東京大学法学部長などを歴任）のように、従来の天皇の地位、大権との断絶性を強調した説もあり（横田『天皇制』）、大日本帝国憲法と現行憲法における天皇の地位に関する規定の差異をどう解釈するのかは、憲法学上、意見が分かれてきた経緯がある（横田耕一『憲法と天皇制』）。

大日本帝国憲法の第四条には、天皇は「国ノ元首」で「統治権ヲ総攬」する存在であることが明記されており、その身位についても第三条に「神聖ニシテ侵スヘカラス」と規定されていた。つまり帝国憲法下では、天皇に、憲法上、国家の最高統治者としての地位が付せられ、統治にかかる大権が憲法に規定されていた。これは、現行憲法において、天皇は国政に関する権能を有しないという点と比べて大きな相違がある。

天皇の地位を考える場合、もう一つ問題となるのは祭祀にかかる側面である。天皇が歴史的に日本の本来の統治者として、かつ象徴として仰がれてきたという事実とともに、建国以来、天皇は三種の神器を受け継ぎ、皇祖たる天照大御神の祭祀を執りおこなう祭り主としての責務を果たしてきた。つまり、天皇は日本の民族信仰たる神道の最高の祭祀者であり、その地位をいかに考えるかが問題となる。

この点、戦前期には、憲法に明文化されたものではないものの、天皇大権の一つとして、皇族百官＊を率いて国家的祭祀をおこなうという「祭祀大権」＊があったが、現行憲法では、宮中三殿や山陵における皇室祭祀は「皇室の私的な信仰」と解釈されている。しかしながら、即位礼や大嘗祭、剣璽＊等の承継といった祭儀は、皇位と不可分なものとして今に伝わっている。

それゆえ、本来的には、これらの祭儀は公人たるべき者が公人となるためにおこなう祭祀、もしくは公人としておこなうべき祭祀であるため、この祭祀自体を「私人の私事」「皇室の私的な信仰」との解釈で済ませてよいのかという点が争点となっている。この点は、葦津珍彦《あしづうずひこ》が戦後、主張し続けた「天皇の地位が、皇祖皇宗の神意に基づくもの」（葦津『天皇・神道・憲法』）という理解にも繋がるもので、天皇の精神的権威の源泉は、皇室祭祀にその基礎があると考えることによる。

いずれにせよ、天皇が旧憲法に規定されたような神格化されたものではないものの、天皇の敬称を「陛下」として旧制度と同様に規定し、お呼びしていることからも、日本において天皇が、他に比類なき尊崇の地位にあることは、現行制度においても一貫している。前出の美濃部達吉の言葉を借りれば、「新憲法に於いても変ずることなく、『至尊』といふ語は今日も等しく天皇の別称として通用し得べきものである。天皇が国家の象徴であると曰つて居るのは、即ち此の尊栄の地位を表明せるものに外ならぬ」（美濃部『日本国憲法原論』）というべきである。

その意味でも天皇の地位、身位は、まさに国家の象徴であり、国家の尊厳の表現ともいうべきものであるといえよう。

なお、天皇は、日本国の象徴であり、日本国民統合の象徴であることに鑑み、天皇には民事裁判権がおよばないものと解されている（「千葉県昭和天皇ご快癒祈願記帳所設置訴訟」平成元年十一月二十日、最高裁判決）。

◆キーワード

＊**神権説**

王や皇帝は、神から、その国の支配権、統治権力を与えられたという考え方。王権神授説ともいう。

＊**美濃部達吉**

明治六年～昭和二十三年。兵庫県出身の憲法学者。明治三十年に東京帝国大学法科大学政治学科を卒業後、欧州留学などを経て東京帝大法科大学（法学部）教授、法学部長などを歴任した。東京帝大比較法制史講座を担任していた明治四十五年に発表した著書『憲法講話』にて、いわゆる天皇機関説を発表し、同じ東京帝大法学部教授であった上杉慎吉との論争に発展。その後、昭和九年に始まった国体明徴運動によって同説が排撃されたことで釈明をおこなうも貴族院議員（勅選）を同十年に辞任した（いわゆる天皇機関説事件）。終戦後は幣原内閣において憲法問題調査委員会顧問に就任し、昭和二十一年一月には枢密顧問官として憲法改正に関与したが、現行憲法の有効性に疑義を呈したことでも知られる。なお、戦後の憲法学を牽引した宮沢俊義東京大学法学部教授は美濃部の弟子にあたる。著書に『憲法講話』『憲法撮要』『逐条憲法精義』『日本国憲法原論』『新憲法概論』など。憲法施行から一年余後の昭和二十三年五月二十三日に七十五歳にて没。

＊**皇族百官**

皇族および各省の長官以下官吏のことを指す。

＊祭祀大権

統帥大権や皇室大権、国務大権などとともに天皇の大権の一つ。明治期に制定された大日本帝国憲法では、具体的な規定はないものの皇祖皇宗・歴代の皇霊および、天神、地祇に対する祭祀を国家祭祀として主宰することは天皇に属する権限として考えられていた。

＊剣璽

皇位とともに継承される「三種の神器」のうち、草薙剣《くさなぎのつるぎ》（天叢雲剣《あめのむらくものつるぎ》）と八坂瓊曲玉《やさかにのまがたま》のことを指す。曲玉のことを璽とも呼称することから、両者を総称して「剣璽」と称する。皇居剣璽の間には、草薙剣の形代と八坂瓊曲玉が安置されており、戦前は天皇が一泊以上の行幸をし、皇居を離れる際には、必ず剣璽を侍従が捧げ持って随行する慣行となっていた。三十四頁「三種の神器」参照。

天皇の行為

皇位と象徴をいかに考えるかという点で、天皇の行為というものの意義と範囲を考えることは大変重要である。

かつての大日本帝国憲法下における天皇の国事に関する行為については、表2に掲げているところであるが、憲法学者の美濃部達吉も指摘したように、広く一切の統治権（統治大権）が天皇の総攬したまうところであり、行政、司法、立法のいずれの機関ともに天皇からその権限を委任されたものとして考えられていた（美濃部『新憲法概論』）。さらには、慣習法に基づいたもので明文化されたものではないが、宮中祭祀をはじめとする国家的祭祀にかかる「祭祀大権」と呼ばれる権能も有していた（美濃部『日本国憲法概論』）。

しかしながら、現行憲法の下では、天皇の行為について一般的には、①象徴たる地位に関連する「公」の行為と、②象徴たる地位とは関係のない「私」の行為――という二分類に分けて考えられている。ただし、実際には①と②のいずれに属するか判断が難しい行為も存在する。また、①に関連して、象徴としての天皇の行為は、法的にいわゆる「国事行為」と呼ばれる制度上の行為と、それ以外の行為に大別される。「国事行為」については、日本国憲法第四条と第六条、第七条にて規定されており、その行為については、第三条で「内閣の助言と承認を必要とし、内閣が、その責任を負ふ」とあって、天皇の自由意思では

表２　大日本帝国憲法における天皇の大権（国事に関する行為）

①	立法に関する大権
②	議会に関する大権
③	緊急命令及び緊急財政処分の大権
④	独立命令の大権（行政官庁の命令など）
⑤	官制及び任官大権
⑥	条約締結の大権
⑦	恩赦大権
⑧	皇室自治の大権
⑨	陸海軍の統帥大権・編成大権
⑩	戒厳宣告の大権
⑪	非常大権
⑫	祭祀大権（明文なく慣習法的）

（美濃部達吉『日本国憲法概論』による）

なく、必ず内閣の助言と承認によらなければならないことが明らかである。国事行為については表3の通りだが、これらは天皇が対外的に国家を代表する行為や、国家の秩序を示す行為、国民に対する国家の栄誉の源泉としての地位を示す行為であるといえよう。なお、憲法第四条では「天皇は、この憲法の定める国事に関する行為のみを行ひ、国政に関する権能を有しない」と定められている。

天皇の行為にかかる学説上の分類について、行政法が専門の園部逸夫（元最高裁判所判事で筑波大学教授、成蹊大学教授などを歴任）によれば、二分説と三分説がある（園部『皇室制度を考える』）。まず、二分説については、先に述べた①と②の区分に近いもので、天皇の行為を国事行為と私的行為の二つに分類している。この分類では、国事行為以外の行為はすべて私的行為とされ、天皇が私人としておこない、「公」的な行為ではないと解される。

三分説については、二分説でいう国事行為と私的行為の間に、憲法上に定めのない公的行為を入れたもので、国事行為と公的行為が「公（公人）」としての行為であって、私的行為が「私」たる行為であるという考え方である。政府見解は、この三分説をとっており、私的行為を国事行為でも公的行為でもない「その他の行為」と称している。

また、園部は、天皇の地位と国家との関係を軸に、天皇の行為を、⑴国事行為、⑵公人行為、⑶社会的行為、⑷皇室行為、⑸私的単独行為――という五つに分類し、国事行為のほかに、象徴という公的な地位にあることから導かれる行為や、私的な内容の行為があるとの説を提示している（園部『皇室法概論』）。

こうした天皇の行為をめぐる二分説、三分説の中で、判断が非常に難しいものに皇室祭祀（宮中祭祀）がある。皇室祭祀は、わが国始まって以来の天皇固有の権限でもあるが、政府としては、現行憲法下では、憲法第二十条第三項の規定に基づき、公的行為ではないという見解をとっている（昭和六十年三月七日の衆議院予算委員会第一分科会での前田正道内閣法制局第一部長の答弁）。また、元侍従長の**大金益次郎＊**も昭和三十五年三月九日の憲法調査会にて、

陛下の宮中三殿ならびに神宮神社に参拝なさるときの御告文と申しますかおつげぶみと申しますか、そういうものを拝しましても、一言も個人的の安心立命とか、家庭の幸福とか、そういうことは述べられていないのであります。ただひたすらに国家の安寧と世界の平和とをお願いになつておるだけでございます。かようなことが個人の信仰なり、私的な行事ということができるかどうか。その憲法を改正されまして象徴ということになりましたけれども、象徴たる天皇の行事であると私は思つております。またかくのごとき行事があればこそ、天皇が象徴であるということにほんとうの意義が生まれてくるのではなかろうかと私は思うのであります。そうでなければただの空文であり、空事にすぎないと言わざるを得ないと思うわけであります。

表３　現行憲法に定める天皇の「国事行為」

①	内閣総理大臣の任命
②	最高裁判所長官の任命
③	憲法改正、法律、政令及び条約の公布
④	国会の召集
⑤	衆議院の解散
⑥	国会議員の総選挙施行の公示
⑦	国務大臣その他の官吏の任免及び全権委任状と大使、公使の信任状の認証
⑧	大赦、特赦、減刑、刑の執行の免除及び復権の認証
⑨	栄典の授与
⑩	批准書その他の外交文書の認証
⑪	外国大使、公使の接受
⑫	儀式の挙行（新年祝賀の儀、大喪の礼、即位の礼、立太子の礼、皇太子成年式、皇太子結婚式など）
⑬	国事行為の委任

（園部逸夫『皇室法概論』『皇室制度を考える』などによる）

と述べている。公的行事ではないという見解はとっているにせよ、大金の説くような意義をもった行事が、まさに皇室祭祀であると考えられよう。

前出の園部逸夫は、天皇の公私を厳格に区別することの難しさから、「天皇の行為にはさまざまな面があり、一つの行為であってもそれをどの面から見るかにより、当該行為が公であったり私であったりすることがある」と指摘している。また、そもそも天皇の行為に公的な意義を付与する根拠である「象徴」の内容が多義的であり、解釈の幅が広いこともあって、「象徴の解釈により、例えば祭祀を行うことにより天皇は象徴であると解する考え方からは、宮中祭祀を主宰する行為は公的な行為であるということにもなる」と説明している（園部『皇室制度を考える』）。

この点については、かつて神社新報社の主筆であった葦津《あしづ》珍彦《うずひこ》や京都大学教授の大石義雄（いずれも故人）が指摘したように、現行憲法下であっても、天皇は時と場所に拘らず常に公的御存在であって、私事は存在しないという観点から、天皇の自由意思による内廷の行事であっても、日本民族社会の公事（公的な行為）としての性質をもつとの考えが一つの参考となる（葦津「皇室の祭儀礼典論―国事、私事両説解釈論の間で―」『中外日報』昭和五十九年二月十日、大石「皇室祭儀と憲法との関係」『現行皇室法の批判的研究』所収）。

◆キーワード

＊大金益次郎

明治二十七年生まれ。元内務官僚・宮内官僚。栃木県出身。東京帝国大学卒業後、内務省へ入省。昭和二年より宮内省へと転じ、大臣秘書官、侍従などを経て、同二十年に宮内次官となり、同二十一年五月三日に藤田尚徳侍従長の退任を受け、戦後初の侍従長（第十五代）に就任。激変期の宮中を支え、昭和二十三年六月五日に退任した。退任後は日本銀行監事や済生会理事長などを経て、昭和五十四年に八十四歳で逝去。

摂政

日本国憲法第五条には、「皇室典範の定めるところにより摂政を置くときは、摂政は、天皇の名でその国事に関する行為を行ふ」とされており、皇室典範第十六条には「天皇が成年に達しないときは、摂政を置く」、「天皇が、精神若しくは身体の重患又は重大な事故により、国事に関する行為をみずからすることができないときは、皇室会議の議により、摂政を置く」とある。さらに皇室典範第十七条には、成年に達した皇族にその就任順序（①皇太子または皇太孫、②親王及び王、③皇后、④皇太后、⑤太皇太后、⑥内親王及び女王）が定められるとともに、第二十一条に至るまで摂政にかかる権能などの条文が定められている。また、親王妃と王妃については、摂政の就任から除外されている。

つまり、摂政は現在、日本国憲法に定める国事行為を天皇の名で代行する皇族のことであり、国政に関する権能を有しないが、歴史的にみれば、その権能、就任する身位は大きく異なる。

古代においては、『日本書紀』の推古天皇元年（五九三）に皇太子であった厩戸皇子が摂政となった例が著名であり、齊明天皇の皇太子であった葛城皇子、天武天皇の摂政となった草壁皇子など、皇族がその職に就いた。

摂政は、もともと律令にて規定された役職ではなかったが、平安期に入って、清和天皇の御代に至り、外祖父の**藤原良房＊**が摂政に就いたのが臣下の摂政就任の嚆矢であり、以後天皇の外戚にあたる藤原北家の出身者が就任するのが慣例となった。

とくに長和五年（一〇一六）に藤原道長が摂政となって以降は建武の新政の時期を除き、**摂政・関白＊**が常置の官として置かれることが通例となり、鎌倉時代以降は、**五摂家＊**の中から官位の高い者が摂政・関白に任ぜられるのが例となった。武家にて天下統一を果たし、初の関白に就任した羽柴秀吉も五摂家の近衛前久の猶子《ゆうし》となって関白に就任し、その後、豊臣姓を賜った（ただし、秀吉の甥にて養子となり関白に就任した豊臣秀次は、唯一五摂家の猶子・養子にはなっていない）。また、摂政・関白は、「執柄《しっぺい》」「博陸《はくりく》」「殿下」などとも称され、政務全般以外にも天皇に代わって宣命《せんみょう》や詔勅《しょうちょく》を書し、叙位や任官の施行などをおこなうというもので、天皇の大権を全面的に代行する、ある種近代以前においては、完全な天皇の代理ともいうべき権限を有していた。

なお、関白については、あくまでも天皇の政治を補佐する後見的な役職であり、最終的な決定権が天皇にある点で、全面的に天皇の大権を代行する摂政とはその職権が異なる。また、豊臣秀次以降は、関白職への就任は五摂家へと再び移ったが、江戸期には禁中並公家諸法度にて、関白職は幕府の推薦を得ることとなっていた。ちなみに臣下の摂政は、慶応三年正月九日に明治天皇の摂政に就任した二条斉敬が最後であり、同年十二月九日に出された「**王政復古の大号令**」＊によって天皇の親政となり、旧来の摂政・関白の制は廃止となった。

現行の摂政は、臣下が就任できた明治以前の摂政とは異なり、皇族摂政の制を基本とするが、その根拠となる条文は、明治二十二年に制定された旧皇室典範である。旧皇室典範の第十九条から第二十五条には摂政について定められているが、天皇の未だ成年に達していない間や久しく故障にて親政が成し得ない間は、皇太子、皇太孫あるいは皇位継承順位の高い皇族から順に摂政に任ずることができると定められており、女性皇族も摂政に任ずることができるとした点は、現行皇室典範でも踏襲されている（ただし、明治典範においては摂政となる女性皇族は配偶者のあらざるものに限るとあり、現行典範では女性皇族が天皇および皇族以外の者と婚姻した時は皇族の身分を離れるとあるため、天皇・皇族以外の配偶者がいる場合は自動的に摂政となれない）。

また、現行憲法では、摂政と国事行為の臨時代行とは、厳密には異なっており（憲法第四条第二項）、天皇は摂政を置くべき場合を除き、皇室典範の規定により、その国事に関する行為を摂政となる順位にある皇族に委任して臨時に代行させることができるとある（国事行為の臨時代行に関する法律第二条）。

国事行為の臨時代行とは、具体的には、摂政を置くほどの重大事ではないような状況、つまり一時的な病気や外国御旅行などに際して適用される。この臨時代行にかかる法律は、現行憲法制定後、昭和三十九年まで制定されておらず、天皇は国事行為の委任をすることができなかったが、昭和三十九年五月二十日に公布施行された。その後、昭和四十六年九月二十七日から十月十四日まで、昭和天皇の欧州御訪問の際に初めて適用され、御帰国までの間、皇太子明仁親王殿下（今上陛下）が国事行為の臨時代行を務められたことが知られている。

◆キーワード

＊藤原良房

延暦二十三年（八〇四）～貞観十四年（八七二）。平安時代の公卿。藤原北家の左大臣藤原冬嗣の次男にて参議、公卿に列し、右大臣、従一位太政大臣となる。天皇の外戚として地位を築き、清和天皇の御代に皇族以外の臣下にある身にて初めて摂政に就任。貞観格式を完成させたほか、以後の藤原北家の全盛を築いたとされる。

＊関白

律令制では令外の官であるが、天皇を輔佐する官職にて公家の最高位、天皇の第一の臣ともいうべき立場にあった。摂政とは異なり、関白は成人の天皇を輔佐する官職だが、摂政が引き続き関白となる例が多かった。敬称は殿下。摂政または関白を子弟に譲った者は「太閤」と称した。

＊五摂家

中世以降、摂政・関白に任ぜられる資格を持った藤原氏嫡流の五家（近衛、九条、二条、一条、鷹司）のこと。文永十年（一二七三）以降にこの五家による摂政・関白の独占体制ができあがった。

＊王政復古の大号令

大政奉還後の慶応三年十二月九日（一八六八年一月三日）に発表された勅書で、諸事を神武創業の古へと復することを理想として明示するとともに、摂政・関白の制や幕府を廃し、総裁、議定、参与の三職を設置するなどして天皇親政の方針を示した。明治維新政府の樹立へと政局を急転回させる原動力の一つとなった重要文書。

譲位と退位

「譲位」とは、皇位を継嗣《けいし》に譲って親らがその位を退くことであり、退位した天皇がいうところの語である。これに対して、皇位を受けたまう天皇からこれをいう時は「受禅《じゅぜん》」＊となる。つまり、「譲位」の語には、皇位を譲る天皇の意思が含まれることになるが、これに対して「退位」というのは、崩御《ほうぎょ》以外の原因により天皇がその位を退く場合のことを指すため、「退位」の方が、「譲位・受禅」よりも広い意味を含むと解される。

近代に著された皇室の制度や礼典に関する解説書などでは、歴史的に天皇の皇位の継承が退位ではなく、譲位の形が一般的であったことから、退位を意味する語として譲位の語が広く使われている（**植木直一郎**＊『皇室の制度典禮』等）。

しかしながら、戦後、昭和二十一年の日本国憲法ならびに皇室典範制定の審議にかかる帝国議会の議論などでは、譲位のほかに退位の語も使われており、委員会や本会議の会議録などでは「譲位ならびに退位」と併記されているものもある。現行日本国憲法の成立以降、政府委員による国会答弁を見ると、歴史上、皇位を譲った事例については「譲位」、将来的に天皇がその発意で皇位を退くことが想定される場合については「退位」の語を用いて説明している。

百二十五代に亙る皇位継承の歴史の中で、皇極天皇以前は、先帝崩御の後に皇儲《こうちょ》＊が皇位に就くことが恒例であり、現在と同じような形での継承であった。ちなみに、繼體天皇から安閑天皇への皇位継承に際して譲位がなされたとする説もあるが、その賛否については諸説あり、帝国学士院編纂の『帝室制度史』では否定されている。

前出の植木直一郎は、この繼體天皇の例を譲位の嚆矢とし、江戸期の光格天皇まで五十八例の譲位がなされたとしている（植木前掲書）。近年の研究では、皇極天皇を譲位の初例としており、例えば、所功の考証によれば、皇極天皇から光格天皇まで六十四例の譲位（その内、北朝五例、淳仁天皇、後一条天皇を含む）がなされたとしている（所『象徴天皇「高齢譲位」の真相』）。

過去の譲位の事例を繙くなかで注目されるのは、重祚《ちょうそ》（譲位した天皇が再び皇位につくこと）と院政とがあったという点である。このうち、重祚は二度の事例があるが、皇極天皇（重祚して齊明天皇）ならびに孝謙天皇（重祚して稱德天皇）と、どちらも女帝であり、皇位継承の上で危機的状況下におこなわれたということが指摘できる。また、院政の場合、譲位後に上皇ないし法皇として宮中にましまして、天皇に代わり、天下の大政を執ったのであり、院政自体が国家統治上の大変革であったといえる。さらには院政は天皇と上皇（法皇）とが並び立ったことで二重権力となり、両者の間に不和が起きたこともしばしばあったということが、歴史的な事実としてある。

次に、これまでの譲位の事例（五十八例）を前出の植木の定義した分類に基づき整理すると（植木『皇室制度』）、①生理的譲位（疾病または老衰による譲位）、②宗教的譲位（仏教への帰依《きえ》や出家修道のための譲位。または天変地異、災異凶変を原因とする譲位）、③政事的譲位（政治的な理由による譲位）、④法律的譲位（法律に基づいた譲位）、⑤その他（上記分類にあてはまらないもの）――の五種類に分けられる。

それぞれの事例数について、米田雄介『歴代天皇・年号事典』、『国史大辞典』（いずれも吉川弘文館）などをもとに分類すると、①の生理的譲位は十六例あるが、半数の八例は、譲位後一年以内に崩御しており、逆に譲位後、病気が快癒し長生きした事例が三例ある。そのうち二例は、譲位後も権勢を振るおうとした例であり、平城京と平安京にて政治権力が二分した平城上皇と嵯峨天皇の事例（薬子《くすこ》の変）や、白河上皇のように、堀河天皇から曽孫の崇徳天皇に至るまでの四十三年間の院政を敷いたこともある。

②の宗教的譲位は三例あり、仏道に帰依された聖武天皇のような例が該当する。また、③の政事的譲位が事例としては一番多く、三十五例ある。とくに中世以降は、朝廷―幕府間、天皇―上皇間の関係悪化による譲位が多々あり、天皇本人の幕府側との政治的な駆け引きや時事に対する御憤懣、あるいは外戚や権臣の私意策略によって心ならずも譲位した例がみられる。なお、④についてはこれまで例がなく、⑤は譲位の理由・内容について詳細が不明で確定できないものであり、四例が考えられる。

この譲位の五十八例のうち、三十例は摂政が置かれており、十五例は関白が政務を補佐していた時代である。残りの例のうち十一例は摂関政治以前の譲位で、残りの二例は譲位後一年以内に崩御されている。

これまで見てきたように、近代以前は譲位が定着していた時代といえようが、譲位をめぐり政争が発生するなど、その弊害は少なくなかった。そのため、明治皇室典範では第十条に「天皇崩スルトキハ皇嗣《こうし》即チ践祚《せんそ》シ祖宗ノ神器ヲ承ク」と、崩御のみを皇位継承の原因とし、天皇の終身在位を定めることとなった。

明治皇室典範の終身在位の制を定める上では、伊藤博文の判断が大きかったことが知られているが、その伊藤による典範の解説書である『皇室典範義解』（明治二十二年）では、同条の制定事由として、これまでの譲位における諸種の弊害を挙げて、「本条ニ践祚ヲ以テ先帝崩御ノ後ニ即チ行ハル、者ト定メタルハ上代ノ恒典ニ因リ中古以来譲位ノ慣例ヲ改ムル者ナリ」と記している。

現行皇室典範においても明治典範と同様、終身在位制を採用しており、譲位の制は設けていない。しかしながら、現行典範制定時の審議でも、憲法に定める基本的人権の有無の観点から、譲位（退位）の可否が議論となっている。現行典範の起草をおこなった法制局では、譲位（退位）を権利として認めるならば、即位を拒否する権利も生じることとなるため、皇位の世襲に重きを置き現行制度の形が採られることとなったと考えられている（**井手成三＊**『困った憲法・困った解釈』、同「皇室典範立案当時の思出」『時の法令』三〇三号、同「憲法制定と皇室典範の経緯―ＧＨＱとの接触を回顧して」『月刊自由民主』二三八号、大原康男「資料紹介『皇室典範の制定経過』」『國學院大學日本文化研究所紀要』第七十三輯、『憲法調査会第三委員会第三回会議議事録』に記された元宮内庁管理部長の**高尾亮一＊**の発言など）。

過去の政府答弁においても、皇位継承の歴史的な変遷を踏まえて、

(1)上皇の存在による弊害の恐れがあること
(2)天皇に対して退位を強制する可能性があること
(3)天皇の恣意による退位は象徴という立場に馴染まないこと

という三点を理由に退位については消極的な考え方をとってきた経緯がある（平成四年四月七日の参議院内閣委員会での日本社会党三石久江参議院議員の質問に対する宮尾盤宮内庁次長の答弁）。

また、これ以前の昭和三十四年二月六日の衆議院内閣委員会において、日本社会党受田新吉議員の「天

皇はいつまでも天皇の御地位におられなければならないということになると、非常に窮屈なお感じをなさることもあろうと思うのです（中略）また天皇御自身も、一般でいうならば定年退職に当られるくらいの年配になられる、こういうことになるならば、天皇の御退位の自由ということが一応認められてもいいのではないか」という質問に対して、答弁に立った林修三内閣法制局長官は、

……新憲法によって人間天皇としての地位はできましたけれども、しかしそれだからといって、一般の人と同じようにこれを扱うわけにはもちろんいかない。やはりこの象徴たる地位、あるいは国民の総意に基くこの地位というものと相いれない範囲におけるものは、そこに制約があることは当然だと思うわけであります。これはやはり皇位というものは世襲のものである。それから古来ずっと一つの系統で受け継がれてきているということと、それからそこに天皇が過去においてはもちろん譲位ということはあったわけでございます。そういうことはありましたけれども、ただいま申し上げたような御地位、それからこの天皇のそういう象徴たる地位から考えまして、御自分の発意でその地位を退かれるということは、やはりその地位と矛盾するのではないか、これはやはり幾多過去の例からいっても、いろいろ弊害があったこともございます

と述べて、譲位は象徴としての地位と矛盾する旨の答弁がなされている。この答弁でも先に掲げた宮尾次長の答弁と同様、政府が天皇の退位に対して消極的な立場をとってきたことが明確である。

◆キーワード

＊受禅

先帝から天皇の御位を譲られて即位すること。「禅」は代わる、譲るという意で、「受禅」は天皇の御位を受ける側からの語となる。これに対して、無理矢理に天皇の御位を奪うことを「簒奪」と称する。また、一般的に血縁者でない有徳の者に地位や立場を譲ることは「禅譲」と称する。

＊植木直一郎

明治十一年～昭和三十四年。新潟県出身。國學院本科、東京外国語学校別科、國學院大學研究科に学んだ後、穂積陳重の著書公刊に携わり、その後、國學院大學教授、大東文化学院教授を務めた。近代の法制史学者として活躍し、法制のみならず、『神典』の編纂にも従事し、国体、神道、祭祀、皇室制度などの研究をおこなった。著書に『御成敗式目の研究』、『皇室の制度典禮』などがある。

＊皇儲

儲とは後継ぎのことで、天皇の後継ぎ、つまり皇嗣のこと。

＊井手成三

明治三十九年生まれ、福井県出身。内務官僚、法制官僚。終戦後は、昭和二十年十一月二十四日に法制局第二部長（もとの法制部長）に就任、内閣法を担当。昭和二十一年三月には同第一部長（のちの法制局行政部長）となり、皇室典範、皇室経済法の原案作成を担当した。その後、第三代法制局次長となり、法制局廃官後は文部事務次官。次官退任後は愛知学院大学教授など、憲法および行政法学者として活躍した。昭和五十三年に七十二歳で逝去。

＊高尾亮一

明治四十三年生まれ、新潟県出身。内務官僚から宮内官僚へと転じて帝室林野局木曽支局、同局監理部土地課長、昭和十六年に宮内省参事官となる。終戦後は宮中の事務処理にあたり、昭和二十一年四月からは宮内省大臣官房文書課長の任にあった。昭和二十一年六月には宮内省文書課長に在任のまま法制局参事官兼任となり、翌七月から憲法附属法典の審議のために設けられた臨時法制調査会の幹事を命ぜられ「皇室典範要綱」の草案作成を担った。現行皇室典範の制定後は、宮内庁皇室経済主管や新宮殿造営主幹（新宮殿造営部長）、管理部長などを歴任、吹上御所や皇居新宮殿の造営を担当した。宮内庁退官後、昭和六十年五月に七十四歳で逝去。

太上天皇

「太上天皇（だじょうてんのう・だいじょうてんのう）」とは、譲位した天皇の称号である。この称号を略して「上皇」とも称することはよく知られているが、「太皇」と称することもあった。出家した太上天皇の場合は、「太上法皇（だじょうほうおう）」と称し、これを略して単に「法皇」とも称する。

また、「院」の称については、そもそも「院」とは特定の範囲を指す名詞であって、天皇が譲位して太上天皇となった際の居所である御所を指す。後に、その御在所の場である「院」にちなみ、嵯峨上皇や淳和上皇のように「〇〇院」などと用いられることもあった。さらには、平安時代の宇多天皇から付されるようになり、冷泉天皇以後は譲位の有無に関係なく付されていた「〇〇院天皇」の号については、大正十四年の勅定《ちょくじょう》により、過去に院号を付されていた天皇に院号を付さないこととなった。

この「上皇」の言葉の使用例や敬称などに鑑みるに、その待遇については、概ね天皇に準じたものであり、養老令の条文では、天皇と、太皇太后・皇太后・皇后・皇太子との間に位置づけられていることから、序列としては天皇に次ぐ地位とされていた。

しかしながら、実際には、**保元の乱＊**や院政時代などの例をみても、上皇と天皇とが父子の関係であったり、先代、先々代の天皇であったりしたという点から、天皇と上皇のどちらが政治の実権を掌握するかということで天皇と上皇とが対立した例もある（例えば、譲位後の皇極天皇と孝徳天皇とが飛鳥宮と難波宮とに分れた例や、平城上皇と嵯峨天皇との間におきた薬子《くすこ》の変＊など）。

ほかにも上皇が復位を図ろうとした例、上皇の方が実質的に上位にあった例、上皇が天皇に退位を強制するような例もあることから、「天皇に次ぐ地位」と解されるような身位序列でなかった時期もあり、上皇の存在による弊害がまったくなかったというわけではない。

現行の皇室典範では、譲位を認めていないが、その主たる理由として、これまでの政府見解では、①上皇の存在による弊害のおそれがあること、②天皇に対して退位を強制する可能性があること、③天皇の恣意による退位は象徴という立場に馴染まないこと――という三点を掲げている。この理由に基づいて政府では、天皇の譲位（退位）に対して概ね消極的な考え方をとってきた。

太上天皇の称号は、中国の「太上皇」「太上皇帝」に由来するものであるが、大宝儀制令にて譲位した天皇の称号として規定され、譲位した天皇は自動的に太上天皇と称されることとなった。太上天皇の称号を用いた最初の例は、文武天皇元年（六九七）に譲位した持統天皇であり、以後、江戸末期の光格天皇に至るまで、五十八例ある（なお皇極天皇は譲位後、「皇祖母尊《すめみおやのみこと》」と称された。譲位の事例数については諸説ある。詳しくは二十三頁「譲位と退位」参照）。

また、北朝の天皇および即位しなかった後高倉院、後崇光院らに太上天皇の称号が贈られている例もある。このほか、薨去後に太上天皇を追尊《ついそん》＊された例もあり、後陽成天皇の父の誠仁親王と、慶光天皇を追尊された光格天皇の父である閑院宮典仁親王が明治期に入ってから太上天皇の位号を追尊されている。

太上天皇の称号を辞退した例としては、弘仁十四年（八二三）に嵯峨天皇が譲位にあたって太上天皇の尊号を辞退したことがあったが、その後、淳和天皇が改めて詔《みことのり》を出して尊号を奉ったことが先例とな

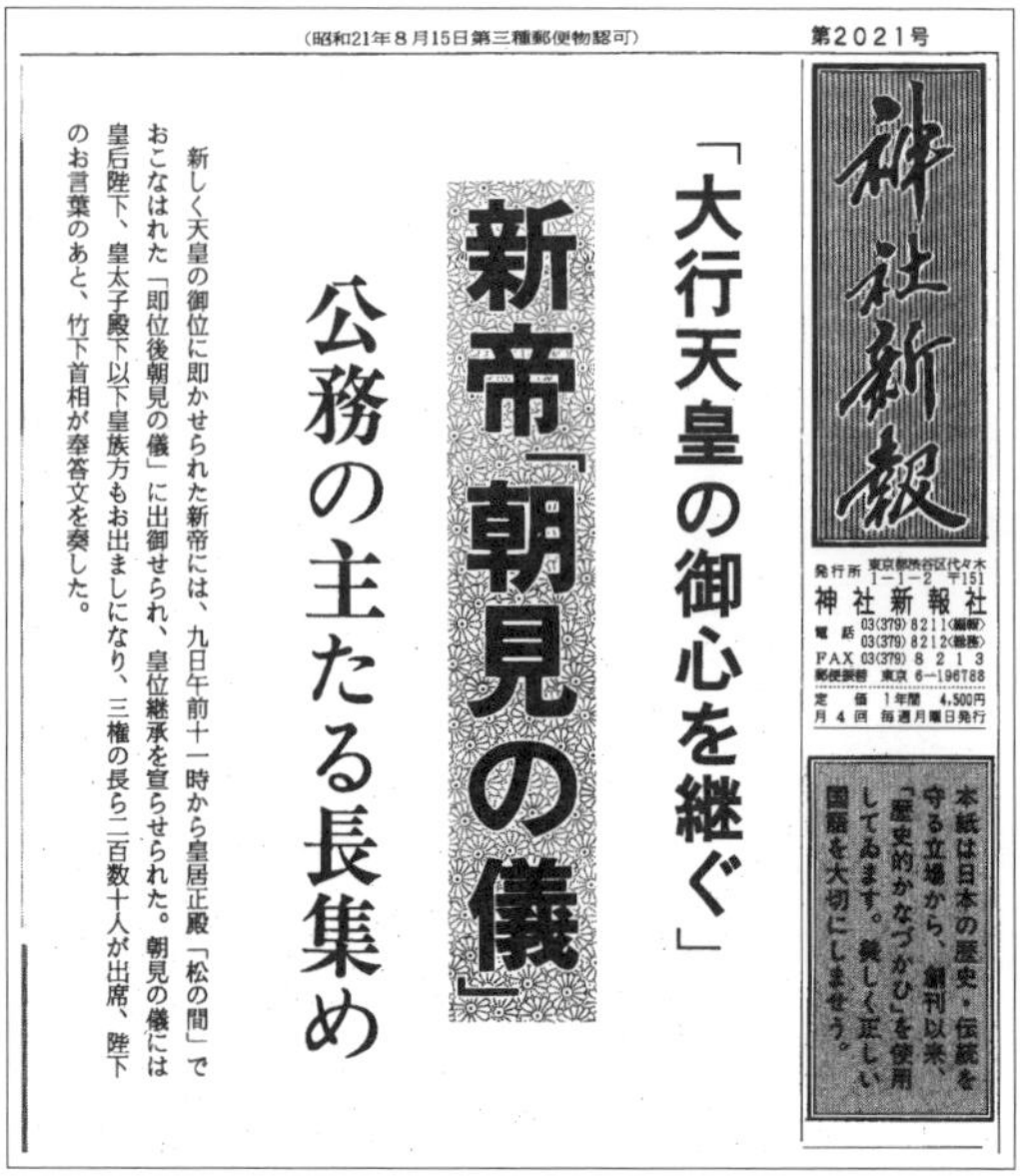
（昭和21年８月15日第三種郵便物認可）　第2021号

神社新報

発行所　東京都渋谷区代々木1-1-2 〒151
神社新報社
電話 03(379)8211(編輯) 03(379)8212(総務)
FAX 03(379)8213
郵便振替 東京6-196788
定価 1年間 4,500円
月４回 毎週月曜日発行

本紙は日本の歴史・伝統を守る立場から、創刊以来、「歴史的かなづかひ」を使用してゐます。美しく正しい国語を大切にしませう。

「大行天皇の御心を継ぐ」
新帝「朝見の儀」
公務の主たる長集め

新しく天皇の御位に即かせられた新帝には、九日午前十一時から皇居正殿「松の間」でおこなはれた「即位後朝見の儀」に出御せられ、皇位継承を宣らせられた。朝見の儀には皇后陛下、皇太子殿下以下皇族方もお出ましになり、三権の長ら二百数十人が出席、陛下のお言葉のあと、竹下首相が奉答文を奏した。

追号公示までは「大行天皇」と称される
（『神社新報』平成元年1月23日付）

り、以後は新たな天皇が譲位した天皇へ尊号を奉ることが慣例となった。

太上天皇が出家した例としては、昌泰二年（八九九）に宇多天皇が出家して太上法皇と称したのが著名であるが、史料によると、孝謙天皇（上皇）から靈元天皇（上皇）まで北朝方の上皇を含めて出家した例は、三十五例ある（「太上天皇御出家表」宮内庁書陵部編『皇室制度史料三』）。宗派別にみれば、真言宗、天台宗が圧倒的に多い（なお、太上天皇が出家して法名をもらっている例は三十二例で概ね二字か三字の法名を用いた）。

なお、天皇に関する称として、大行《たいこう》天皇という称もあるが、これは、天皇崩御《ほうぎょ》から追号が公示されるまでの暫定的な称であり、「先帝」「先帝陛下」など用いることがある。「大行」とは、「ゆきて帰らぬ」という意であるが、「りっぱな行為、大業」という意もあり、中国の『後漢書・安帝紀』にも「大行皇帝」の称がある。

わが国では『日本書紀』に天武天皇、『万葉集』では文武天皇を指す称として使用されているのが最も早いものである。昭和天皇が崩御された際にも、追号として「昭和天皇」の称が決定するまでは、新聞報道などでも「大行天皇」の称が用いられたため、昭和から平成への御代替わりの時期を知る方々は、この称を懐かしく感じるのではないかと思う。

◆キーワード

＊保元の乱

平安時代末期にあたる保元元年（一一五六）七月、皇位継承問題や摂関家における内紛から、後白河天皇側と崇徳上皇側とに朝廷内の公家らが分裂。内部抗争から武力衝突となり、以後、武家（平氏・源氏）による政権ができる契機となった戦乱で、保元の乱では後白河天皇方についた源義朝（源頼朝の父）らが活躍し、崇徳上皇は讃岐に配流となった。

＊薬子の変

平安時代初期の大同五年（八一〇）に平城上皇と嵯峨天皇との二所朝廷とも称される対立によって起こった政変。平城上皇の庇護を受け権勢を得ていた尚侍（ないしのかみ・しょうじ）。内侍所の長官）の藤原薬子や参議の藤原仲成らは、上皇の復位などを策して平安京から旧都の平城京への遷都を図ろうとしたが失敗に終わった。結果、薬子は自殺、仲成も処罰されることとなり、平城上皇は剃髪して真言宗の空海より灌頂《かんじょう》を受け仏門に入った。

＊追尊

践祚《せんそ》せられずして薨去された親王などに天皇の尊称を贈ること。

三種の神器

三種の神器とは、歴代の天皇に継承されてきた八咫鏡《やたのかがみ》（鏡）・草薙剣《くさなぎのつるぎ》（剣）・八坂瓊曲玉《やさかにのまがたま》（璽）のことで、いずれも天孫降臨の折に、天照大御神から瓊瓊杵尊《ににぎのみこと》に「天璽之神宝《あまつみしるしのかんだから》」として授けられたものである。とくに八咫鏡に関しては「**宝鏡奉斎《ほうきょうほうさい》の神勅**」＊とともに授けられたもので、まさに天皇の皇位を示すものの一つであり、皇位の源泉でもある。

明治の皇室典範には、第十条に「天皇崩スルトキハ皇嗣《こうし》即チ践祚《せんそ》シ祖宗ノ神器ヲ承ク」と定めていたが、現行の皇室典範では三種の神器に関する規定はない。しかしながら、現在でも天皇の崩御《ほうぎょ》後にただちに斎行されるのが、「剣璽等承継の儀」であり、三種の神器のうち、皇居の吹上御所内の「剣璽の間」に安置されている八坂瓊曲玉と草薙剣の御分身（写）と、国事行為の決裁に使われる印である「御璽《ぎょじ》」ならびに「国璽」が新帝に受け継がれる。つまり、神器が皇位とともにあり、両者が密接不可分の関係にあることを示しているといえよう。

八咫鏡については、天照大御神が天岩戸にお隠れになられた際に、大御神を出御させるために、調製された鏡であるとされている。現在、皇大神宮（三重県伊勢市・いわゆる伊勢神宮の内宮）の御正殿に奉斎されているほか、**宮中三殿**＊の賢所にその御分身（写）が置かれている。賢所の鏡については、平安期に**清涼殿**＊から**温明殿《うんめいでん》**＊に遷され、そこに**内侍司《ないしのつかさ》**＊の女官が奉仕していたとされる。

草薙剣については、素戔嗚尊《すさのおのみこと》が出雲にて八岐大蛇《やまたのおろち》を退治した際に、大蛇の尾の一つから得たもので、当初は「天叢雲剣《あめのむらくものつるぎ》」と称され、素戔嗚尊が天照大御神に献上したものと伝えられている。

八坂瓊曲玉は、八咫鏡と同様に、天照大御神が天岩戸にお隠れになられた際に、大御神を出御させるために調製されたものであるとされる。平安後期、源平合戦の最後にあたる壇ノ浦の戦いにて安徳天皇の入水の折に二位尼（平時子）によって剣とともに海中に沈んだが、浮かび上がったといわれている。

そもそも、鏡・剣・璽はともに皇居内で奉斎されていたが、鏡は神の勢いを畏れた第十代の崇神天皇が、皇女豊鍬入姫命《とよすきいりひめのみこと》に命じて大和の笠縫邑《かさぬいのむら》に祀らせ、さらに第十一代の垂仁天皇の御代には、皇女倭姫命によって伊勢国五十鈴の川上に遷され、今に至っている。

剣については、第十二代の景行天皇の皇子・**日本武尊**《やまとたけるのみこと》＊が東征の途上、伊勢の神宮に参拝した折に倭姫命より授けられ、その後、駿河国での賊を討伐した事績に基づき、「草薙神剣」と改称された。東征の帰路に尾張国造乎《お》止《と》與命《よのみこと》の女《むすめ》の宮《みや》簀《す》媛命《ひめのみこと》に神剣を託されたことから、宮簀媛命が日本武尊の御遺志を奉じて熱田神宮に神剣を斎きまつられた。また、璽に関しては皇居内から奉遷されたとする記録は一時的なものを除き存在せず、現在も「剣璽の間」にて草薙剣の御分身（写）とともに安置されている。

これら三種の神器は、知（鏡）・仁（璽）・勇（剣）の三つの徳を示すものであると考えられており、昭和天皇が皇太子時代の大正三年、東宮《とうぐう》御学問所で倫理科目の進講を受けられた際にも、**杉浦重剛**《しげさと》＊御用掛より同様の内容が説かれたとされる。

その倫理科目の教科書を基にした『倫理御進講草案』（杉浦撰、猪狩又蔵編、昭和十一年）の付録末尾には、一般倫理の進講例として教育勅語が説かれている。その中には、「玉の徳は仁を示し、剣の徳は勇を示し、鏡の徳は知を示す。知仁勇の三徳を身に行ひて、始めて君徳を完うするものなれば、我が子孫は三器の示す徳を修養して君臨すべしと教へ給ふ」との一文がある。

次に、皇室の財産としての三種の神器の取扱いについて説明したい。現在、皇室では、正倉院に納められている勅封の美術品などをはじめとする天皇の私的な所有物、財産を「御物（ぎょぶつ・ごもつ・おもの）」と呼ぶが、その中でも天皇の皇位に付随する公的な性格を持つ特殊な財産を「御由緒物」と呼んでいる。

神社新報

神宮問題

神鏡と皇位は不可分

池田内閣公式に表明

衆議院浜地議員の質問へ

政府よりの答弁書

公式見解決定に至る

宗教審議会の質問から

神宮制度改正論起る

論説

理義を明らかにして 俗論妄説の横行を排す

昭和35年の国会答弁で神鏡と皇位の関係が認められる

（『神社新報』昭和35年10月29日付）

昭和二十二年に施行された皇室経済法第七条では「皇位とともに伝わるべき由緒ある物は、皇位とともに、皇嗣が、これを受ける」と定めている。政府は、当初より三種の神器と宮中三殿などが該当すると認識していたものの、伊勢の神宮に奉斎されている八咫鏡や熱田神宮の草薙剣が含まれるのかについて、皇室経済法の制定以後、昭和三十年代に入るまで明白な確認がなされていなかった。

ＧＨＱによる占領解除から八年後の昭和三十五年になってから、衆議院三重二区選出の濱地文平議員の質問書に対する、池田勇人《はやと》首相の答弁書（「伊勢の神宮に奉祀されている御鏡の取扱いに関する質問に対する答弁書」）が出されたことで、神宮の八咫鏡が「皇位とともに伝わるべき由緒ある物」という確認がなされている（四十頁参照）。また、熱田神宮の草薙剣についても、昭和三十六年に佐佐木行忠神社本庁統理名による質問書に対しての宇佐美毅宮内庁長官の回答を以て、草薙剣は、皇位と不可分の公的関係を有するものと確認された。そのほか、天皇に由緒ある品々についても、それが御由緒物にあたるのかは、昭和天皇の崩御まで明確ではなかったという経緯がある。

先の昭和から平成への御代替わりに際しては、三種の神器と宮中三殿のほか、皇太子に代々伝わる壺切《つぼきりの》御剣《ぎょけん》と、儀式関連の太刀や屏風、東山御文庫に収蔵される古文書類（歴代天皇の宸翰や旧記など）五百五十五件と、冠、胸飾り、腕輪、指輪、扇子、手提げなど二十件が、宮内庁と内閣法制局との協議にて、御由緒物に指定された。これら御由緒物は、相続税法の規定により非課税扱いとされている。

なお、戦後、神道青年全国協議会をはじめとする斯界の尽力によって剣璽御動座の復古を成し遂げたことは記憶に新しいところであるが、第六十回から第六十二回の神宮式年遷宮の完遂後の神宮御親謁に際してなされた剣璽御動座は、まさに神器が天皇たる由縁を示すものであることを指し示す事象であるといえよう（なお、本項の三種の神器や神名などの表記は、基本的に『日本書紀』の表記に準じて記した）。

◆キーワード

＊宝鏡奉斎の神勅

『日本書紀』巻第二の神代下第九段にある「天孫降臨」に関する記載の一部で、「天壌無窮の神勅」とともに天照大御神から下された神勅の一つ。

＊宮中三殿

皇居内にある皇室祭祀をおこなう御殿である賢所、皇霊殿、神殿の総称。三殿を一括して「賢所」と称する場合もある。

＊清涼殿

平安京の内裏（御所）の中で、天皇の日常生活をおこなう御座所となった御殿のこと。東庭に河竹、呉竹があり、母屋に昼御座・夜御殿、石灰壇をはじめ、公卿や殿上人の評議や詰所となった殿上間などがある。清涼殿にて四方拝や除目などの諸公事をおこなった。南東には内裏の正殿である紫宸殿がある。

＊温明殿

平安京の内裏の中にある殿舎の一つで、宣陽門の内側、紫宸殿《ししんでん》からみて北東の方角にあたり、綾綺殿《りょうきでん》の東隣にある。殿内北には内侍の侯所があり、南に神鏡を安置した賢所が設けられていたため、温明殿全体を賢所もしくは内侍所とも称した。

＊内侍司

明治以前は、現在のように皇居には宮中三殿はなく、三種の神器の一つである八咫鏡の御分身を安置していた温明殿および御分身たる神鏡そのものを内侍所と称した。律令制では、内侍所にて神鏡を守護するとともに天皇の傍らにて命令などを伝達した役職が内侍司であり、女官のみが奉仕した。

＊日本武尊

『古事記』では倭建命と記されている。『日本書紀』では、第十二代景行天皇の皇子で小碓尊《おうすのみこと》と称し、第十四代の仲哀天皇の父にあたる。武勇に優れ、幾多の苦難を乗り越えて九州の熊襲、東国の蝦夷の平定を成したことで古代における伝説的英雄としても知られる。

＊杉浦重剛

明治・大正期の教育家、思想家。滋賀県出身。安政二年（一八五五）〜大正十三年（一九二四）。近江膳所《ぜぜ》藩の儒者であった杉浦重文の次男。大学南校にて学んだ後、渡欧。帰国後、文部省、東京大学予備門などで勤務した後、三宅雪嶺とともに政教社で雑誌『日本人』を発刊した。その他、小石川区議会議員、衆議院議員なども務めた。東宮御学問所御用掛として昭和天皇、秩父宮雍仁《やすひと》親王、高松宮宣仁親王に倫理を進講したことで知られる。

（参考資料）

衆議院議員濱地文平君提出伊勢の神宮に奉祀されている御鏡の取扱いに関する質問に対する答弁書

昭和三十五年十月二十二日受領　答弁第二号
（質問の二）

内閣総理大臣　池　田　勇　人

内閣衆質三六第二号
昭和三十五年十月二十二日

衆議院議長　清　瀬　一　郎　殿

衆議院議員濱地文平君提出伊勢の神宮に奉祀されている御鏡の取扱いに関する質問に対し、別紙答弁書を送付する。

衆議院議員濱地文平君提出伊勢の神宮に奉祀されている御鏡の取扱いに関する質問に対する答弁書

一　伊勢の神宮に奉祀されている神鏡は皇祖が皇孫にお授けになつた八咫鏡であつて、歴世同殿に奉祀せられたが、崇神天皇の御代に同殿なることを畏みたまい、大和笠縫邑に遷し奉り、皇女豊鍬入姫命をして斎き祀らしめられ、ついで、垂仁天皇は、皇女倭姫命をして伊勢五十鈴川上に遷し奉祀せしめられた沿革を有するものであつて、天皇が伊勢神宮に授けられたのではなく、奉祀せしめられたのである。この関係は、歴代を経て現代に及ぶのである。したがつて、皇室経済法第七条の規定にいう「皇位とともに伝わるべき由緒ある物」として、皇居内に奉安されている形代の宝鏡とともにその御本体である伊勢の神鏡も皇位とともに伝わるものと解すべきであると思う。

二　伊勢の神鏡は、その起源、沿革等にかんがみ神宮にその所有権があると解し得ないことは明らかであると思うが、これを民法上の寄託等と解するかどうかの点については、なお慎重に検討を要する問題である。要するに、神宮がその御本質を無視して、自由に処置するごときことのできない特殊な御存在であると思う。

三　神鏡の御本質、沿革等については、神宮当局の十分承知しているところであり、神宮は、従来その歴史的伝統を尊重してきたが、新憲法施行後においても、神宮に関する重要事項はすべて皇室に連絡協議するたてまえになつている次第もあり、現状においてはとくにあらためて心得等を指示される必要はないと思う。

右答弁する。

元号と改元

元号は、年号とも呼ばれ、紀年法の一形態であるが、わが国では、孝徳天皇が用いた「大化」が初例である。大化の元号は、孝徳天皇の即位二日前、皇極天皇四年（六四五）六月十二日に中大兄皇子（のちの天智天皇）と、中臣鎌足（のちに藤原氏を称す）が蘇我入鹿を倒した、いわゆる「大化の改新」との兼ね合いでも知られている。

元号自体は、中国前漢の武帝の在位中に定められた「建元」で始まった紀年方法であるが、律令制度を取り入れた日本でも正式に用いられるようになる。すなわち、大宝令の儀制令で「凡そ公文に年記すべくは、皆年号用ゐよ」と規定されたことに伴い、元号として「大宝」が定められて以降、現在に至るまで継続して元号が用いられている。

明治時代には一世一元の制が定められたが、近代より前は、一代の天皇の治世中に何度も改元がなされるのが普通であった。天皇の即位以外にも「瑞祥《ずいしょう》（祥瑞《しょうずい》）改元」と呼ばれるような、国家にめでたいことがあるたびに改元した例や、遷都、天変地異、疫病の蔓延、飢餓、戦争、一揆、叛乱、武家政権の誕生に際しての将軍宣下、三革（辛酉・甲子・戊辰）などにあたり改元があった。

瑞祥改元の例は、大化の改新直後の大化六年に改元された「白雉（六五〇〜六五四）」、天武天皇の御代に用いられた唯一の訓読み元号である「朱鳥（しゅちょう・あかみとり）（六八六）」などがある。ちなみに、孝明天皇は在位二十一年間に「弘化」「嘉永」「安政」「万延」「文久」「元治」「慶応」と七回の改元をおこなっており、歴代天皇の中でも二番目に多い（改元が一番多いのは室町時代の後花園天皇で在位三十六年間に八回）。

このように、近代以前には改元が頻繁におこなわれていた訳だが、江戸時代には大坂の儒学者・**中井竹《ちく》山《ざん》＊**が『草茅危言《そうぼうきげん》』にて従来の弊風を改め、一代一号と定めるべきと述べて以後、儒学者の藤田幽谷《ゆうこく》や広瀬淡窓《たんそう》らも同様の意見を述べている。

明治維新直後の慶応四年（一八六八）八月二十七日に明治天皇が即位され、九月八日に「明治」と改元し、一世一元が制度化されている。なお、明治改元の際には議定が清原・菅原両家に提出せしめた**勘文＊**のなかから三つの佳号（良き名称）が選ばれて明治天皇へ奏上、天皇による内侍所での籤引きによって明治とされた（「神意御伺ひの処、明治年号を抽籤に相成り候に付、明治と御決定に相成」『岩倉公実記』）。

この一世一元の制度化には岩倉具視が尽力したことが知られている。明治改元の詔書《しょうしょ》に「今より以後、旧制を革易し、一世一元、以て永式と為せ」と明示され、太政官布告にも「これまで吉凶の兆象に随ひ、しばしば改元これあり候へども、自今は御一代一号に定められ候」と明記された。

この制度は、明治二十二年制定の旧皇室典範に引き継がれ、第十二条で「践祚《せんそ》ノ後元号ヲ建テ一世ノ間ニ再ヒ改メサルコト明治元年ノ定制ニ従フ」と定められた。現行皇室典範には、改元に関する規定はないが、戦前の制に倣い、天皇の在世中は改元しないことが現在まで踏襲されている。なお、明治六年の太陽暦への改暦がなされた際に皇紀と元号で年を数えることとなり、それまでの干支と元号とを併用していた形から改定されることとなった。

中国においては、年を踰《こ》えて改元する踰年《ゆねん》改元が一般的で、帝王即位の翌年を治世元年と定め、治世の年数をもって年を数えていた。日本でも践祚の翌年に改元をおこなうこともあったが、一定していなかった。

しかしながら、「大正」「昭和」への改元の折は、天皇崩御《ほうぎょ》に先立って有識者らに依頼して新たな元号案を用意しておき、崩御当日に新天皇が直ちに践祚し、元号が発表されるという「即日改元」がなされた。この即日改元となったのは、明治四十二年制定の登極令《とうきょくれい》の第二条で「天皇践祚ノ後ハ直ニ元号ヲ改ム」と定められたことによる（登極令は昭和二十二年に廃止）。

元号の制定は、かつては天皇の大権の一つでもあり、**紀伝道《きでんどう》＊**の文章博士らから提出された複数の候補をもとに大臣・参議らの議を経て、天皇が新元号を決定し、改元の詔書を公布されるのが常であった。ただし、現行の憲法では天皇の関与はなく、閣議にて決定された直後に政府から宮内庁長官を通じて天皇陛下に報告されたと伝えられている。そのため、元号に関する権限は現在、内閣に属しているといえよう。

また、前述の通り、現行皇室典範には改元に関する規定がないが、それは制定時の政府が元号に関する規定は、広く国民一般にも関わる性格を持つため、典範ではなく、独自に「元号法」を制定することとしたためである。しかしながら、天皇の権威が高まることを危惧したＧＨＱの圧力があり、元号法の国会提出は実現しなかったという経緯がある。

その後、明治維新百年にあたる昭和四十三年の頃より、元号法制化の気運が神社界を中心に昂まり、神社本庁や神道政治連盟などによる政府への働きかけや署名活動（**元号法制化運動＊**）が約十年間に亘りおこなわれ、昭和五十四年六月十二日付で元号法が公布・施行されるに至った。

現在の元号「平成」については、昭和五十二年の福田赳夫内閣にて元号案候補の選定作業が始められている。その後、第一次大平内閣の折には、三原朝雄総務長官からの閣議報告を経た四段階の「元号選定手続き」のもとに作業が進められ、平成と決定された。なお、平成への改元は、大正や昭和の頃と違い、翌日改元となっているが、これは元号法にて即日改元を規定していなかったことや、元号を政令で決定するとなっていたため、即日改元が手続き上困難だったことによる。

元号の出典については、「慶応」は中国南北朝の詩文集である『文選』の「慶雲応輝、皇階授木」（慶雲とは夕空に出現する、めでたい時の前触れとして出る雲＝瑞雲のこと）から、「明治」、「大正」は『易経』の「聖人南面而聴天下、嚮明而治」、「大亨以正、天之道也」から、「昭和」は『書経』の「百姓昭明、協和萬邦」からである。また、昭和への改元については、内閣が候補案に掲げていたものの一つをスクープした東京日日新聞の「光文」誤報事件も著名である。

現在の元号である「平成」については、『史記』五帝本紀にある「内平外成」、『書経』大禹謨の「地平天成」が典拠であるとされる。ほかにも、「修文」「正化」が元号候補として案に挙がっていた。ちなみに、昭和は過去最長の元号であることはいうまでもないが、「平成」の元号は、江戸時代最後の元号候補の一つに挙がっていたものの、採用されなかったことは意外と知られていない事実である。

表4　これまで使われた元号一覧（大化～平成まで）

1	大化	51	長保	101	承安	151	元亨	201	享禄
2	白雉	52	寛弘	102	安元	152	正中	202	天文
3	朱鳥	53	長和	103	治承	153	嘉暦	203	弘治
4	大宝	54	寛仁	104	養和	154	元徳	204	永禄
5	慶雲	55	治安	105	寿永	155	元弘（南朝）	205	元亀
6	和銅	56	万寿	106	元暦	156	正慶（北朝）	206	天正
7	霊亀	57	長元	107	文治	157	建武	207	文禄
8	養老	58	長暦	108	建久	158	延元（南朝）	208	慶長
9	神亀	59	長久	109	正治	159	暦応（北朝）	209	元和
10	天平	60	寛徳	110	建仁	160	興国（南朝）	210	寛永
11	天平感宝	61	永承	111	元久	161	康永（北朝）	211	正保
12	天平勝宝	62	天喜	112	建永	162	貞和（北朝）	212	慶安
13	天平宝字	63	康平	113	承元	163	正平（南朝）	213	承応
14	天平神護	64	治暦	114	建暦	164	観応（北朝）	214	明暦
15	神護景雲	65	延久	115	建保	165	文和（北朝）	215	万治
16	宝亀	66	承保	116	承久	166	延文（北朝）	216	寛文
17	天応	67	承暦	117	貞応	167	康安（北朝）	217	延宝
18	延暦	68	永保	118	元仁	168	貞治（北朝）	218	天和
19	大同	69	応徳	119	嘉禄	169	応安（北朝）	219	貞享
20	弘仁	70	寛治	120	安貞	170	建徳（南朝）	220	元禄
21	天長	71	嘉保	121	寛喜	171	文中（南朝）	221	宝永
22	承和	72	永長	122	貞永	172	天授（南朝）	222	正徳
23	嘉祥	73	承徳	123	天福	173	永和（北朝）	223	享保
24	仁寿	74	康和	124	文暦	174	康暦（北朝）	224	元文
25	斉衡	75	長治	125	嘉禎	175	弘和（南朝）	225	寛保
26	天安	76	嘉承	126	暦仁	176	永徳（北朝）	226	延享
27	貞観	77	天仁	127	延応	177	元中（南朝）	227	寛延
28	元慶	78	天永	128	仁治	178	至徳（北朝）	228	宝暦
29	仁和	79	永久	129	寛元	179	嘉慶（北朝）	229	明和
30	寛平	80	元永	130	宝治	180	康応（北朝）	230	安永
31	昌泰	81	保安	131	建長	181	明徳（北朝）	231	天明
32	延喜	82	天治	132	康元	182	応永	232	寛政
33	延長	83	大治	133	正嘉	183	正長	233	享和
34	承平	84	天承	134	正元	184	永享	234	文化
35	天慶	85	長承	135	文応	185	嘉吉	235	文政
36	天暦	86	保延	136	弘長	186	文安	236	天保
37	天徳	87	永治	137	文永	187	宝徳	237	弘化
38	応和	88	康治	138	建治	188	享徳	238	嘉永
39	康保	89	天養	139	弘安	189	康正	239	安政
40	安和	90	久安	140	正応	190	長禄	240	万延
41	天禄	91	仁平	141	永仁	191	寛正	241	文久
42	天延	92	久寿	142	正安	192	文正	242	元治
43	貞元	93	保元	143	乾元	193	応仁	243	慶応
44	天元	94	平治	144	嘉元	194	文明	244	明治
45	永観	95	永暦	145	徳治	195	長享	245	大正
46	寛和	96	応保	146	延慶	196	延徳	246	昭和
47	永延	97	長寛	147	応長	197	明応	247	平成
48	永祚	98	永万	148	正和	198	文亀	248	―
49	正暦	99	仁安	149	文保	199	永正		
50	長徳	100	嘉応	150	元応	200	大永		

◆キーワード

＊中井竹山

江戸中期から後期にかけて活躍した儒学者。享保十五年（一七三〇）～享和四年（一八〇四）。名は積善。大坂出身。町人中心で運営されていた官許の学問所・懐徳堂にて五井蘭洲に師事。『草茅危言』『逸史』などの著書がある。

＊勘文

「勘」は考えるの意で「かんもん」「かもん」などといい、天皇（朝廷）や幕府からの諮問を受けて先例や故実などを調べ、考証して提出した上申文書の意。大きくは諸司勘文と、諸道勘文の二種類に分けられる。

＊紀伝道

律令制下で大学寮における四道の一つで史記や漢書、後漢書などの中国の歴史を教授した学科のこと。のちに漢文学を教授する文章道が成立すると統合されることとなった。

＊元号法制化運動

昭和四十三年頃より元号の法制化の気運が高まり、同五十三年に神社本庁が中心となり結成した「元号法制化実現国民会議」をもとに国民運動を展開した結果、全国の地方議会などで元号制度の維持を求める決議および国会議員への陳情活動がなされ、戦後、旧皇室典範および皇室令の廃止に伴い、法的根拠を失っていた一世一元の制を同五十四年に「元号法」として法制化した運動のこと。

践祚《せんそ》と即位

天皇がその皇位に即く意を示す語として、「即位」や「践祚」などの語がある。「践祚」とは「宝祚《ほうそ》（皇位）」を践《ふ》むことを意味し、「祚」は祭祀のために**天子**＊が登る階段、すなわち「階」のことであり、皇位に登る「登極《とうきょく》」と同じ意である。

養老令＊の註釈書である『令義解』に「天皇即位、謂之践祚」とあるように、践祚と即位は同義に用いられていた。また、**神祇令**＊で「凡そ践祚の日には、中臣、天神の寿詞《よごと》奏せよ。忌部、神璽の鏡剱上《たてまつ》れ」（『日本思想大系　律令』）と定めるように、新帝の前で**中臣氏**＊が寿詞を奏上し、**忌部氏**＊が神璽の鏡剣を奉るのが践祚の儀であった。

その後、平安時代に入ると、中臣氏による寿詞奏上が大嘗祭の翌日に移されたことなどもあり、皇位継承直後に京都御所の**紫宸殿《ししんでん》**＊でおこなわれる「践祚」の儀式と、大極殿にて盛大かつ荘厳におこなう「即位」の儀式とが、日を隔てて斎行されるようになり、践祚と即位の意に多少の変化が生じることとなった。次第に、神器の承継を中心とする践祚の儀と、皇位の継承を天下に宣示する即位の儀と別れていった経緯がある。

「践祚」には、先帝の譲位に伴う「受禅《じゅぜん》践祚」と、先帝崩御《ほうぎょ》に伴って即日践祚する「崩御による践祚」という二通りがある。とくに崩御による践祚の場合は、服喪のための**諒闇《りょうあん》**＊の期間を設けるため、必然的に即位儀礼の実施は諒闇以後となる。

また、即位儀礼には多くの人手と費用を要するため、皇室の経済状況や戦乱などの社会状況に応じて、即位礼や大嘗祭等が遅延、途絶した時期がある。しかしながら、戦乱が続いた室町時代から江戸時代初期にあっても践祚の儀式については基本的に続行されてきた。

旧皇室典範第十条には、「天皇崩スルトキハ皇嗣《こうし》即チ践祚シ祖宗ノ神器ヲ承ク」とあり、天皇が崩御した瞬間に新たな天皇が践祚すると定められた。また、御代替わりにかかる諸儀式について定めた登極令《とうきょくれい》の第四条に「即位ノ礼及大嘗祭ハ秋冬ノ間ニ於テ之ヲ行フ」、第十一条に「即位ノ礼ヲ行フ期日ニ先タチ（中略）京都ノ皇宮ニ移御《いぎょ》ス」とあるように、即位礼と大嘗祭は皇位に即いたのち、京都にて秋冬に斎行するとされた。つまり旧典範では践祚と即位とを明確に分割して考えているのである。

一方、現行皇室典範では、第四条にて「天皇が崩じたときは、皇嗣が、直ちに即位する」、第二十四条に「皇位の継承があったときは、即位の礼を行う」と即位について定めているが、「践祚」の語はない。そのため実際には諒闇期間があり、践祚の儀式と即位の儀式が分離しているものの、条文上では践祚と即位とが分離せず一連のものとして扱われている。なお、即位礼は天皇にとって御一代に一度の盛大な国儀であることから、「大礼」「大典」とも呼ばれている。

平成の御代替わりの儀式についての概略を述べると、即位礼と大嘗祭にかかる儀式行事は、①践祚式、②大礼序儀、③即位礼、④大嘗祭、⑤大饗の儀、⑥大礼後儀――の六つに大別できる。このうち、践祚式と大礼序儀、即位礼について説明してみたい（大嘗祭と大饗の儀、大礼後儀については五十五頁「大嘗祭」を参照）。

今上陛下の折は、践祚および即位に際して執りおこなわれた伝統的な儀式は、約七百日に及んだ。まず昭和六十四年一月七日に昭和天皇が崩御遊ばされると直ちに、「賢所の儀」「皇霊殿神殿に奉告の儀」および皇位の象徴である剣璽と御璽《ぎょじ》および国璽を継承する「剣璽等承継の儀」がおこなわれた。翌八日には改元して「平成」となり、九日の「即位後朝見の儀」の斎行というところまでが、①践祚式にかかる諸儀式である。

関連して大喪《たいそう》の礼について言及すると、新たに皇位に即かれた今上陛下は、先帝の崩御から一年間、喪に服されることとなり、この間の二月二十四日に新宿御苑で「葬場殿の儀」と「大喪の礼」、武蔵野陵にて「陵所の儀」がおこなわれた。また、三月二日の「倚廬殿《いろでん》の儀」は、かつて先帝の崩御に際し、新帝が山陵の付近に倚廬と呼ばれる小屋を設けて一年一カ月間、服喪のために籠ったという慣習に因むものである。

次いで、②大礼序儀であるが、一年間の喪が明けた平成二年一月二十三日に「賢所に期日奉告の儀」「皇霊殿神殿に期日奉告の儀」「神宮神武天皇山陵及び前四代の天皇山陵に勅使発遣の儀」がおこなわれ、二十五日に「神宮に奉幣の儀」「神宮神武天皇山陵及び前四代の天皇山陵に奉幣の儀」が斎行された。

二月八日には**悠紀《ゆき》・主基《すき》＊**の二カ所の**斎田＊**を**亀卜《きぼく》＊**によって定める「斎田点定の儀」がおこなわれた。古来、京都を中心に悠紀、主基が選定されていたが、平成の大嘗祭は東京で斎行するとされたため、前例を勘案しつつ、最終的には新潟、長野、静岡の線で国内を東西に二分して、その三県を含む東側を悠紀地方、それより西側を主基地方と定められた。その後、亀卜により、秋田県（悠紀）と大分県（主基）が斎田となり、九月二十八日に秋田にて「悠紀斎田抜穂の儀」、十月十日、大分にて「主基斎田抜穂の儀」が斎行され、大嘗祭の神饌となる米と粟が収穫されている。

神社新報
新帝践祚さる
厳そかに剣璽渡御
「平成」と改元
御親裁ののち公布
「賢所の儀」を斎行
皇祖に新帝践祚を御奉告

崩御後には践祚にかかる諸儀式が速やかに斎行される
（『神社新報』平成元年１月８日付）

③の即位礼は、新帝が皇位に即かれたことを内外に告げられる儀式で、今上陛下の折は、平成二年十一月十二日に「即位礼当日賢所大前の儀」「即位礼当日皇霊殿神殿に奉告の儀」が宮中三殿でおこなわれた。同日には、天皇陛下が純白の帛御袍、皇后陛下が純白の十二単である帛御服を召されて三殿に奉告なされた後に、皇居正殿にて御即位を内外に宣明される「即位礼正殿の儀」が斎行され、百五十八カ国の元首や使節などを含め、国内外の代表二千二百人が参列して即位を寿いだ。

この「即位礼正殿の儀」は、戦前の登極令では、京都御所紫宸殿にておこなわれる「紫宸殿ノ儀」とされていたが、今上陛下の折には、皇居宮殿の松の間が紫宸殿に相当するものとされた。松の間中央に玉座である高御座《たかみくら》（皇后陛下は御帳台《みちょうだい》）が設けられ、**黄《こう》櫨染御袍《ろぜんのごほう》**＊の束帯姿の今上陛下と十二単姿の皇后陛下が剣璽や御璽、国璽を携えた侍従を伴われて、高御座と御帳台にお立ちになり、即位を内外に宣明された。

宣明の後、内閣総理大臣が国民を代表して、「平成の代の平安と天皇陛下の弥栄をお祈り申し上げます」という「寿詞」と呼ばれる祝辞を述べ、万歳三唱をするまでが同儀式にあたる。なお、この「寿詞」は、先に述べたように、かつては中臣氏が奏上したものであるが、旧登極令の制定以降は、国民を代表する者として内閣総理大臣が奏上するとされている。

「即位礼正殿の儀」を終えた後、皇居から赤坂御所までパレードする「祝賀御列の儀」がおこなわれ、両陛下は沿道に並んだ約十一万七千人の国民からの歓声や祝意に応えられた。また、十一月十二日から十五日までの四日間に亙って皇居宮殿の豊明殿にて「饗宴の儀」がおこなわれ、首相、衆参両院議長、最高裁長官の三権の長をはじめ、閣僚や各国大使など約三千五百人が招待され、春秋の間では宮内庁楽部による雅楽「太平楽」が演奏されている。

引き続き、十一月十三日に「園遊会」、十八日には「即位礼一般参賀」がおこなわれたが、参賀に訪れた多くの国民から今上陛下が祝意を受けられていたことを約三十年前とはいえ、今なお、鮮明な記憶として深く刻まれている読者も多いことと思う。

また、平成の御代始めにおける即位の礼および大嘗祭は、登極令をはじめとする戦前の皇室令廃止後、現行憲法及び現行典範に基づいた初の御大礼であったが、その斎行に際して登極令に準拠し、国の行事としておこなうべきことを神社界が政府に働きかけたことは周知の事実であるが、改めて特記しておきたい。

◆キーワード

＊天子

ここでは、天皇のことを意味する語。天皇の称号は、中国の天子を意識した語としても知られるが、「天皇」号の成立には諸説あるものの、推古朝から天武朝の頃にかけて成立したものと考えられている。養老令の儀制令天子条には、祭祀にかかる天皇の呼称として「天子」の語があり、詔書《しょうしょ》にて称する語として「天皇」、華夷に対し称する語として「皇帝」、上表では「陛下」、譲位後の帝に対して称する語は「太上天皇」、行幸の折は「車駕」などの呼称が定められている。

＊養老令

大宝令の後を受けて養老二年（七一八）に制定された古代日本の基本法典で、律と令それぞれ十巻からなる。しかしながら、具体的な実施時期は遅れ、天平宝字元年（七五七）であった。

＊神祇令

大宝令、養老令にて出された令のうち、わが国の神祇信仰に基づく国家祭祀の大綱を定めたものを指す。天皇の即位儀礼や国家祭祀の管理運営、神戸による官社の維持についても定めていた。

＊中臣氏

＊忌部氏

律令制にて朝廷の祭祀に携わった神祇氏族。中臣氏は『古事記』天の岩戸の段の折に祝詞を奏上した天児屋命を祖とし、忌部（斎部）氏は、同段にて五百津真賢木を捧げ持った布刀玉命を祖とする。

＊紫宸殿

朝儀や公事をおこなう平安京内裏の正殿。平安京の大極殿が焼失して以降は、即位などの大礼もおこなった。

現在の京都御所の紫宸殿は安政二年（一八五五）の建築である。紫宸殿の「紫」は天帝の座の紫微垣《しびえん》のこと、「宸」は帝居の意で天子の御殿のことを指す。

＊諒闇

天皇が父母の喪に服する期間のこと。

＊悠紀・主基

大嘗祭の祭場において東方に設けられる祭場が悠紀、その祭場の殿舎が悠紀殿、悠紀殿に供えられる新穀を調進する国が悠紀国。都からみて東方の国郡が卜定《ぼくじょう》（占のこと）された。平安期以降はほぼ近江に固定されていた。主基は「次（すき）」の意で、大嘗祭の祭場において西方に設けられる祭場が主基でその殿舎が主基殿である。主基殿は悠紀殿に続いて天皇が大嘗祭の祭祀をおこなわれる場であり、主基殿に供えられる新穀を調進する国が主基国で都からみて西の国郡が卜定された。平安期以降は丹波・備中いずれかに定められていた。

＊斎田

神々にお供えする稲を栽培する田圃のことで、いわゆる神饌田にあたる。

＊亀卜

亀の甲羅を焼いて、割れた裂け目の様子から吉凶、正邪、是非などを判断したいわゆる「卜占《ぼくせん》」の一種で、神の判断を仰ぐためにおこなう「神判」の方法の一種。

＊黄櫨染御袍

天皇が皇室祭祀に出御なされる折に束帯とともに御着用になる袍（着物）の一種。櫨《はぜ》の木の若芽を用いて染めたもので、色は赤茶色、太陽の色を表すとされる。これに対して皇太子の御着用になる袍は、黄丹《おうに》の御袍と呼ばれる。

大嘗祭

天皇が即位後、大嘗宮《だいじょうきゅう》の悠紀殿《ゆきでん》・主基殿《すきでん》において悠紀斎田、主基斎田で採れた新穀を皇祖および**天神地祇＊**にお供えして感謝し、天皇御親《みずか》らもその新穀を食して国家国民の安寧と五穀豊穣を祈念する儀式が大嘗祭である。

昭和から平成の御代替わりは、現行の日本国憲法および皇室典範に基づく初めての即位礼、大嘗祭であったことから、御代替わりにかかる諸儀式が伝統に則った形で斎行されるべく、神社界が尽力してきたことが知られている。ここでは、かかる経緯のもと斎行された今上陛下の大嘗祭について改めて振り返っておきたい。

今上陛下の即位の礼は、大喪《たいそう》の礼とともに国事行為として斎行されたが（即位の礼については四十八頁を参照）、大嘗祭については、昭和天皇の在位中からすでにその性格について国会で論議がなされており、平成に入ってからも即位の礼及び大嘗祭の斎行をめぐって論議が再燃している。政府としては、大嘗祭は現行憲法と典範のもとでは、戦前の**登極令《とうきょくれい》＊**にあたるような明文規定がないため、国の儀式・行事ではないものの、皇位継承にあたって極めて重要な即位に伴う皇室の儀式・行事の一環という解釈がなされることとなった。

とくに、平成二年四月十七日の宮尾盤宮内庁次長による国会答弁では大嘗祭について、皇位が世襲であ

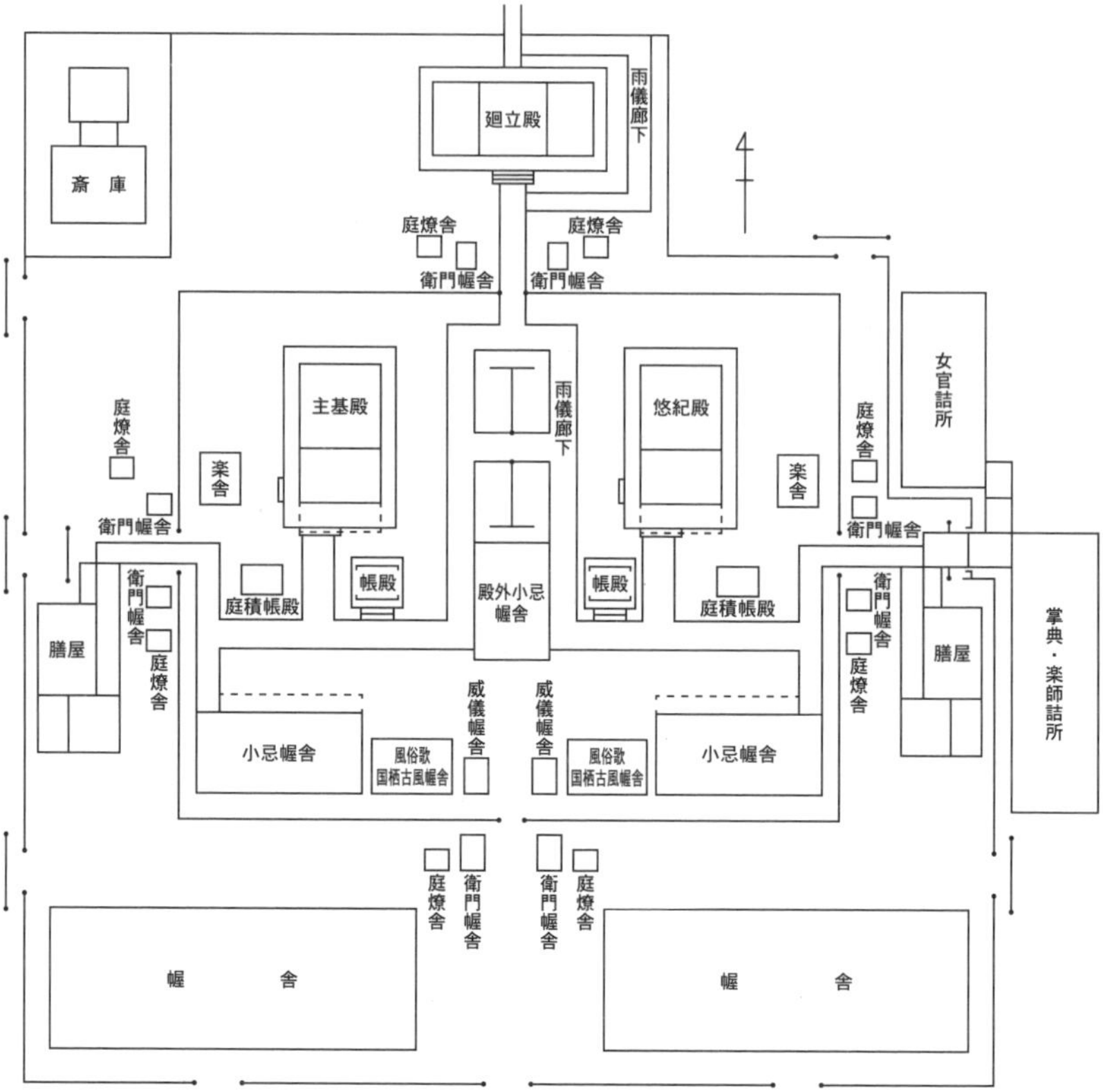

図１　平成の大嘗宮平面図

ることに伴う、一世に一度の極めて伝統的な皇位継承儀式として公的性格をもつ行事であるとともに、毎年斎行される新嘗祭とは性格を異にするとの位置づけが確認されている。そのため、大嘗宮の設営をはじめとする大嘗祭に要する費用一切は、宮内庁関係予算である皇室費のうち内廷費ではなく、宮廷費から支出されることが適当であると判断され、事実、宮廷費から支出された。

　さらに、大嘗祭には宮内庁職員が公務員として奉仕することとなっている点が、**政教分離***の観点から国会などで問題視される向きもあった。この点については、宮内庁法第一条に規定している皇

明治大嘗祭の折の殿舎遠景（浦田家所蔵写真）

室関係の国家事務として所掌する事務のうち、第二条の六号と八号に「側近に関すること」「儀式に関すること」が定められていることが法的な根拠とされた。

　平成の大嘗祭の斎行にあたっては、平成二年二月八日に皇居神殿にて亀卜《きぼく》による悠紀・主基の「斎田点定の儀」がなされ、悠紀斎田が秋田県、主基斎田が大分県と定まったのち、大嘗宮が造営されている。悠紀は清浄な場、主基は次ぐという意であり、悠紀と主基とが揃うことで完結した世界を表すといわれている。

　その後、八月二日に「大嘗宮地鎮祭」が斎行され、東西九十五・四メートル、南北九十九メートルの区画に黒木造り、茅葺切妻屋根の悠紀殿と主基殿など、三十九棟からなる大嘗宮が皇居東御苑（旧江戸城本丸跡、大正・昭和天皇の折は京都仙洞御所に設置）に造営された（図1

参照)。

悠紀・主基両殿は、ほぼ同規模、同構造で、東西八・一メートル、南北十三・五メートルで内陣と外陣《げじん》に分かれており、内陣にて神饌を供える空間と寝座、御座、神座がある。また、悠紀・主基両殿の中心線の北にあたる位置に廻立殿《かいりゅうでん》があり、悠紀・主基両殿に対面する形で祭儀の折に皇太子以下皇族が着床する小忌幄舎《おみあくしゃ》などがある。

十一月十六日には「神宮に勅使発遣の儀」が皇居宮殿にて斎行され、十八日に皇居宮殿東庭にて即位を奉祝する「一般参賀」がおこなわれた。二十日午後には、「大嘗祭前二日御禊」が皇居内正殿竹の間で斎行され、天皇・皇后・皇太后が御禊された。「大嘗祭前二日大祓」では同日午後三時、皇居正門鉄橋脇に祓所(修祓の行事をおこなう場)が設けられ、皇族を代表して秋篠宮殿下が参列になり、宮内庁長官はじめ関係者が大祓を受けた。

翌二十一日には「大嘗祭前一日大嘗宮鎮祭」が皇居東御苑の大嘗宮にて、「大嘗祭前一日鎮魂の儀」が賢所綾綺殿《りょうきでん》にて斎行。二十二日の大嘗祭当日には「大嘗祭当日神宮に奉幣の儀」が午前七時三十分に外宮で、午後二時に内宮で執りおこなわれている。また皇居の宮中三殿においては、午前に「大嘗祭当日賢所大御饌《おおみけ》供進の儀」「大嘗祭当日皇霊殿神殿に奉告の儀」が斎行され、賢所に御饌をお供えして大嘗祭を執りおこなう旨の奉告がなされた。

二十二日夜から二十三日未明にかけては、大嘗宮において「大嘗宮の儀・悠紀殿供饌の儀」及び「大嘗宮の儀・主基殿供饌の儀」が斎行された。同儀に今上陛下が出御するにあたっては、まず廻立殿に出御遊ばされ、「小忌御湯」というお湯を用いて**潔斎《けっさい》＊**され、心身の清浄を期す儀式を終えられた後に、純白生絹

明治大嘗祭の折の主基殿（浦田家所蔵写真）

の御祭服に召し替えられる。

その後、式部官長及び宮内庁長官が前行して、今上陛下が皇太子以下皇族を従えて悠紀殿に進まれ、悠紀殿外陣の座に著かれる。この折、侍従が捧持した剣璽は、外陣上座の案上に奉安される。引き続き、「神饌行立」を執りおこない内陣へと進まれ、御手水をなされた後に「神饌御親供」を斎行される。この御親供にあたっては、陛下の供饌を補佐するため陪膳と後取の二人の采女が奉仕しており、御親供ののち、今上陛下が御拝礼、御告文を奏され、神饌と同様の米や粟の御飯、新穀から造られた白酒、黒酒を聞し召される。その後、神饌撤下＊、還御となる。

主基殿でも同様に儀式が斎行されたが、この「大嘗宮の儀」には招待を受けた各都道府県知事ら国内外の代表約九百人が参列し、明け方四時頃に至るまでの祭儀を見届けている。また、大嘗宮には明治の大嘗祭以降、庭に机を置いて、精米、精粟のほか各地特産の農水産物（各都道府県五品目以内）が「庭積《にわづみの》机代物《つくえしろもの》」として供進されている。

大嘗祭の斎行後、二十四・二十五日の二日間、神饌から醸される白酒と黒酒を酒肴とともに参列者が戴き天皇とともに供す「大饗の儀」が合計で三回執りおこなわれるとともに、大嘗宮の安寧を感謝する「大嘗祭後一日大嘗宮鎮祭」が二十四日午前に斎行された。二十七・二十八日には、「即位礼及び大嘗祭後神宮に親謁の儀」が斎行され、豊受大神宮・皇大神宮の順に**御親謁＊**遊ばされた。この御親謁の折には、昭和四十九年以来、約十六年ぶりに剣璽の御動座があり、また、今上陛下の結婚式のパレードで用いられた儀装馬車が再び使用されている。

次いで十二月二・三・五日には、「即位礼及び大嘗祭後神武天皇山陵及び前四代の天皇山陵に親謁の儀」が斎行され、明治天皇陵を拝礼した三日には、京都御所にて近畿各府県の関係者を招待して「茶会」も催されている。

その後、六日に「即位礼及び大嘗祭後賢所に親謁の儀」「即位礼及び大嘗祭後皇霊殿神殿に親謁の儀」「即位礼及び大嘗祭後賢所御神楽の儀」が斎行された後、十日に内閣総理大臣主催の「天皇陛下御即位記念祝賀会」が開かれ、即位にかかる一連の諸儀式を終えることとなった。

大嘗祭が執りおこなわれたのち、十一月二十九日から十二月十六日まで大嘗宮の参観がおこなわれ、全国から四十三万九千七百八十人が参集した。御代替わりにあたって京都御所から東京に運ばれていた**高御《たかみ》座《くら》＊**も京都に帰着したのちに参観が実施され、十二月十五日から二十四日までの間に十六万二千七百四十人が訪れている。大嘗宮自体は、参観後に取り壊されたが、悠紀・主基の新穀及び庭積机代物を納めていた北西の斎庫が十年ほど残されていたため、皇居参観の折に御覧になった方も多いことと思う。

なお、明治天皇の大嘗祭についても、即位礼から約三年後の明治四年十一月十七日に京都ではなく、初めて東京の皇居（現・吹上御苑の地）で斎行されたが、悠紀殿、主基殿の配置がこれまで京都でおこなわれていた古例の配置と逆であるなどの違いがあった。今上陛下の大嘗祭については、明治の大嘗祭以来、約百二十年ぶり二度目の東京での斎行となった。

◆キーワード

＊天神地祇

天神は、高天原に生まれた神、葦原の中国に天降った神々、いわゆる天つ神のことで、これに対し地祇は、天孫降臨以前にこの国土を治めていた神々のこと、つまり国つ神のことである。両者を併せて、わが国のあらゆる神々を指す際の呼称として用いられることが多い。

＊登極令

明治四十二年二月十一日に公布され、天皇の践祚《せんそ》、即位礼、元号、大嘗祭などを規定した旧皇室令の一つ。全十八条および附式からなる。

＊政教分離

政治と宗教とは分離されるべきという考え方で、宗教戦争を経験した中世ヨーロッパにその起源がある。立憲制の近代的な国家ではある程度の政教分離がおこなわれている国が大半であるが、わが国でも憲法第二十条および第八十九条に政教分離にかかる条文がある。なお、その考え方としては、国家と宗教団体（教会）との分離、国家（政府）と宗教との分離という考え方があり、また、分離の程度としてわが国では、昭和五十二年の津地鎮祭訴訟最高裁判決で示され、現行の政教分離訴訟の判例モデルとなっている目的効果基準に基づく緩やかな分離（限定分離説）と厳格な分離（完全分離説）があり、憲法条文の解釈について学説上と具体的な判例との間で乖離が見られる。

＊潔斎

神事の前の一定期間、奉仕する者が酒飲や肉食などをつつしみ、湯水などで身を洗い、心身を清めること。

＊撤下

お供えしていた神饌などの供物を取り下げること。

＊御親謁

天皇陛下御親らが参拝されること。

＊高御座

天皇の位のことを指す呼称で、天皇の玉座のことも指して称した。平安時代以降は、宮中の大極殿、または紫《し》宸殿《しんでん》などの中に置かれ、即位礼や朝儀などの際に用いられた。

皇室祭祀

皇室祭祀、または宮中祭祀とは、現在、皇居内に鎮座する宮中三殿と、山陵（陵墓）で主に執りおこなわれる祭祀のことである。

宮中三殿というのは、俗称であり、正式には、賢所（皇祖天照大御神を祀る）と皇霊殿（神武天皇を正席として昭和天皇に至るまでの歴代天皇と追尊《ついそん》天皇および歴代の皇后、皇妃、皇親《こうしん》の御霊を祀る）、神殿（天神地祇八百万の神々を祀る）を総称するものである。当初は、皇居西の丸地区に置かれていたが、明治六年の火災で焼失したため、現在の宮中三殿は吹上御苑内、東南部の一画、凡そ二千二百坪の周囲に土塀を巡らせた方形の一区域に鎮座している。

平成十八年から二十年まで宮中三殿の耐震工事などの関係で遷座していた仮殿は、土塀の外部、西南の少し離れた場所に位置する。また三殿の西側に膳舎と神嘉殿《しんかでん》（新嘗祭の斎行される御殿）があり、北側に御饌殿《みけでん》、**綾綺殿《りょうきでん》***（祭典の出御に際して両陛下がお召し替えされる御殿。新嘗祭前夜に斎行される鎮魂の儀の祭場ともなる）、内掌典《ないしょうてん》宿所、奉祀員詰所などが設けられている（図2参照）。

賢所の正面に神楽舎と賢所正門があり、神嘉殿の正面に神嘉門がある。神嘉殿の正面にあたる南庭は平時、白砂の空殿であるが、四方拝の儀や大祓の折には祭庭となる。また、綾綺殿の北西方向に東宮便殿《とうぐうびんでん》が設けられており、皇太子、皇太子妃はそこでお召し替え、御潔斎《けっさい》なされる。

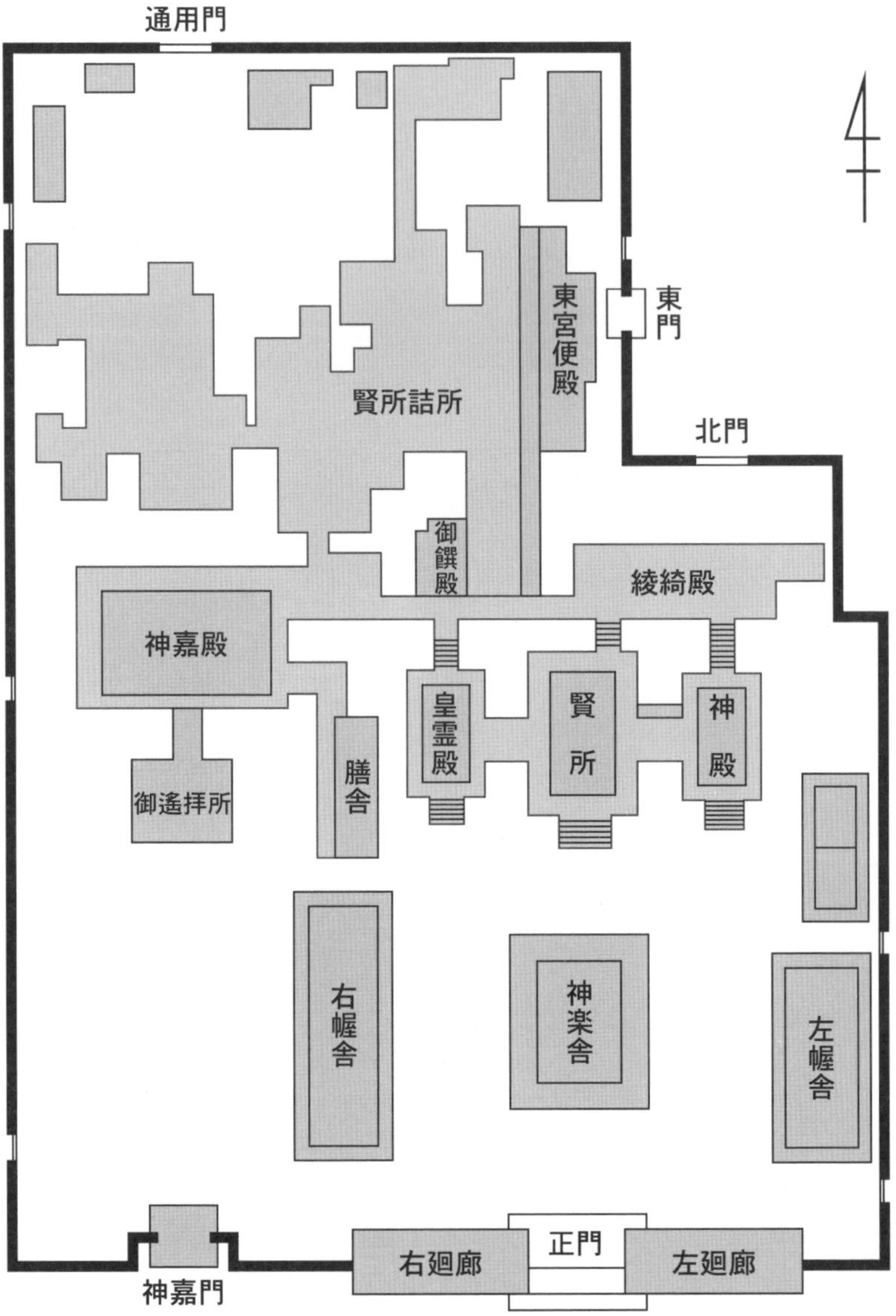
通用門
東宮便殿
東門
賢所詰所
北門
御饌殿
綾綺殿
神嘉殿
皇霊殿
賢所
神殿
膳舎
御遙拝所
右幄舎
神楽舎
左幄舎
正門
右廻廊
左廻廊
神嘉門

図２　宮中三殿平面図

宮中三殿（北門・東門側から）

まず、宮中における祭祀については、**鎌田純一＊**の『皇室の祭祀』によると、現在、大祭と小祭、恒例祭、臨時祭、旬祭などに分けて考えられている。天皇陛下御親《みずか》らが祭祀を斎行し、御告文を奏上するのが大祭、掌典長が祭祀を斎行し、天皇陛下が御拝礼になるのが小祭である。

臨時祭については、皇族の御結婚や、御誕生、歴代天皇の式年祭にあわせて斎行される。旬祭は、毎月一日、十一日、二十一日に掌典長が三殿に神饌をお供えする祭祀であるが、原則毎月一日には天皇陛下が**御直衣《おのうし》＊**を召されての御直拝があり、十一日、二十一日には**侍従＊**の**御代拝＊**がある。

現在、主要な祭儀の中で、大祭とされている祭祀は、元始《げんし》祭（一月三日）、昭和天皇祭（一月七日）、春季皇霊祭・春季神殿祭（春分の日）、神武天皇祭（四月三日）、秋季皇霊祭・秋季神殿祭（秋分の日）、神嘗祭賢所の儀（十月十七日）、新嘗祭（十一月二十三日）である。

表5　主要祭儀の一覧［宮内庁編『宮内庁要覧』平成28年をもとに著者一部改変］

月　日	祭　儀		内　容
1月1日	四方拝		早朝に天皇陛下が神嘉殿南庭で伊勢の神宮、山陵および四方の神々を御遙拝になる年中最初の行事で、天皇陛下以外の代わりがいない行事
	歳旦祭	小祭	早朝に三殿で行われる年始の祭典
1月3日	元始祭	大祭	年始にあたって、皇位の大本と由来とを祝し、国家国民の繁栄を三殿で祈られる祭典
1月4日	奏事始（宮殿）		戦前は政事始。現在は掌典長が年始に際して、伊勢の神宮及び宮中の祭事のことを天皇陛下に申し上げる行事
1月7日	昭和天皇祭	大祭	昭和天皇の崩御相当日に皇霊殿で行われる祭典。夜は御神楽がある（陵所においても祭典がある）
1月30日	孝明天皇例祭	小祭	孝明天皇の崩御相当日に皇霊殿で行われる祭典（陵所においても祭典がある）
2月17日	祈年祭	小祭	三殿で行われる年穀豊穣祈願の祭典
春分の日	春季皇霊祭	大祭	春分の日に皇霊殿で行われる先祖祭
	春季神殿祭	大祭	春分の日に神殿で行われる神恩感謝の祭典
4月3日	神武天皇祭	大祭	神武天皇の崩御相当日に皇霊殿で行われる祭典（陵所においても祭典がある） 神武天皇祭に付随して同祭の夜、特に御神楽を奉奏して神霊をなごめる皇霊殿御神楽がある
6月16日	香淳皇后例祭	小祭	香淳皇后の崩御相当日に皇霊殿で行われる祭典（陵所においても祭典がある）
6月30日	節折		天皇陛下のために行われるお祓い（大祓）の行事
	大祓		神嘉殿の前で、皇族を始め、国民のために行われるお祓い（大祓）の行事
7月30日	明治天皇例祭	小祭	明治天皇の崩御相当日に皇霊殿で行われる祭典（陵所においても祭典がある）
秋分の日	秋季皇霊祭	大祭	秋分の日に皇霊祭で行われる先祖祭
	秋季神殿祭	大祭	秋分の日に神殿で行われる神恩感謝の祭典
10月17日	神嘗祭賢所の儀	大祭	賢所に新穀をお供えになる神恩感謝の祭典。この朝、天皇陛下は神嘉殿において伊勢の神宮を御遙拝になる
11月23日	新嘗祭	大祭	天皇陛下が神嘉殿において新穀を皇祖天照大御神をはじめ、神々にお供えになって、神恩を感謝された後、陛下御親らもお召し上がりになる祭典である。宮中恒例祭典の中の最も重要なもの。天皇陛下御親ら御栽培になった新穀もお供えになる
12月中旬	賢所御神楽	小祭	夕刻から賢所に御神楽を奉奏して神霊をなごめる祭典
12月23日	天長祭	小祭	天皇陛下の誕生日を祝して三殿で行われる祭典
12月25日	大正天皇例祭	小祭	大正天皇の崩御相当日に皇霊殿で行われる祭典（陵所においても祭典がある）
12月31日	節折・大祓		（6月30日と同じ）
	除夜祭		節折と大祓が終わった後に掌典職のみで行われる祭典。この一年の神恩に感謝し、次の一年の神助を祈る祭り

小祭とされているのは歳旦祭（一月一日）、孝明天皇例祭（一月三十日）、祈年祭（二月十七日）、香淳皇后例祭（六月十六日）、明治天皇例祭（七月三十日）、賢所御神楽（十二月中旬）、天長祭（十二月二十三日）、大正天皇例祭（十二月二十五日）である。その他の祭儀として、四方拝（一月一日）、奏事始（一月四日）、臨時御拝（二月十一日）、節折《よおり》・大祓（六月三十日、十二月三十一日）、除夜祭（十二月三十一日）などがある。

山陵における祭祀については、現在、恒例祭祀として式年の年以外には、神武天皇祭および先帝祭に勅使を遣わして、各山陵に奉幣せしめられている。また、先帝以前三代の例祭と先后の例祭に際しても山陵にて祭祀が執りおこなわれている（陵墓については七十七頁参照）。

皇室祭祀の趣旨は、皇室の御祖先または神々に深謝され、国家の安泰、安寧、繁栄と国民の福祉、五穀の豊穣などを祈念されるものである。明治初年以降に**四時《しじ》祭典定則＊**（明治四年十月二十九日制定）などが定められ、国家の諸制度も整えられていく中にあって、祭祀以外の皇室にかかる諸制度も整備されていくこととなる。

例えば、明治六年に太政官布告第三百四十四号として出された「祭日祝日ノ件（年中祭日祝日ノ休暇日ヲ定ム）」によれば、元始祭、新年宴会、孝明天皇祭、紀元節、神武天皇祭、神嘗祭、天長節、新嘗祭は国の祭日とされた。このうち、新年宴会以外はすべて宮中の祭祀にかかるものが根拠とされていた。

その後、明治四十一年九月十八日に皇室祭祀令が制定され、さらに四十二年に登極令《とうきょくれい》、摂政令、立儲令《りっちょれい》、皇室成年式令、皇室服喪令《ふくもれい》、翌四十三年に皇室親族令、大正十五年に皇室儀制令や皇室喪儀令、皇室陵墓令なども定められ、皇室の祭祀や儀式にかかる法制がおおよそ固まることとなった。ただし、実際には毎朝御代拝のように、皇室祭祀令に定めのないものもあった。

皇室祭祀令をはじめ一連の皇室令は、先の大戦後、皇室令第十二号（昭和二十二年五月二日）にて廃止されたため、皇室にかかる祭祀は、翌五月三日付の宮内府文書課長高尾亮一名の依命通牒（「皇室令及び附属法令廃止に伴い事務取扱いに関する通牒」、百十四頁参照。現在は、宮内庁法令集より削除されているが、その背景・理由は未詳）にて前例に倣うこととされた。

その後、昭和三十年十二月二十三日の伺定によって皇室祭祀の大綱は、皇室祭祀令を基本として定められ、現在に至っている。

祭祀全般の斎行については、現在、国家行政機関には属さない内廷の組織として掌典職があり、皇室祭祀のことを掌っている。掌典長の統括の下に、掌典次長、掌典及び内掌典、出仕、雑仕がいる。

また、あくまで一般的な解釈であるが、皇室祭祀自体は、現在、その費用が内廷費から支出されているため、皇室経済法第四条二項にある「内廷費として支出されたものは、御手元金となるものとし、宮内庁の経理に属する公金としない」との規定から、「皇室の私事」と解釈されている。なお、内廷費自体は平成二十八年度で三億二千四百万円であり、その一部が祭祀の費用として支出されている。

◆キーワード

＊**綾綺殿**

天皇・皇后両陛下が、宮中三殿における皇室祭祀に出御遊ばされる際にお召し替え（改服）なされ、御服装を整えられるための御殿。現在、賢所の後方に位置し、西北西に同じく皇太子・同妃両殿下がお召し替えなされる東宮便殿が設けられている。明治以前については、もともとは平安京の内裏の十七殿五舎の一つである温明殿《うんめいでん》の西側にあった殿舎の名称である。

＊鎌田純一

大正十二年生まれ、大阪府出身。父は漢学者で神宮皇學館教授などを務めた鎌田春雄。昭和二十一年に國學院大學国史学科を卒業後、國學院大學日本文化研究所専任所員などを経て、同三十七年に再興された皇學館大学の助教授に就任し、同四十年に教授（平成元年に退職、名誉教授）となる。神社本庁中央研修所の草創期に澁川謙一らとともに尽力し、研修所講師、訓育主任として神職養成、研修にも尽力した。昭和六十三年に宮内庁掌典に任ぜられ、祭事課長として昭和天皇の御大喪《たいそう》及び今上陛下の即位の礼、大嘗祭等の重儀に奉仕した。平成六年に退任、宮内庁侍従職御用掛となる。専門は中世神道史で『先代旧事本紀の研究』や『神道文献』『神宮史概説』『神道史概説』『皇室の祭祀』などの著書がある。平成二十六年に九十歳にて没。

＊御直衣

現在、天皇が祭儀に用いられる儀服（装束）の一種。儀服には、御祭服、御束帯帛御袍、御束帯黄櫨染御袍《こうろぜんのごほう》、御直衣、御引直衣、御小直衣があり、六種類ある。御直衣は、直衣は白、切袴は紅（冬の場合）で、先帝祭の御神楽の儀や旬祭の御親拝などに着用する。もともと「直衣」は、天皇や皇太子、公卿の日常着で、袍の形式をとっており、位階による区別がないため雑袍と呼ばれたが、近代に入ってからは和装自体が祭儀での着用を主とするようになった。

＊侍従

天皇の側近にて天皇の身辺の諸事を補佐、奉仕する宮内官吏。現在は宮内庁の内部部局として侍従職が存在し、侍従長、侍従次長以下、侍従、女官長、女官、侍医長、侍医などが存在する。律令官制においても中務省《なかつかさしょう》に存在していた官である。

＊御代拝

天皇の代わりに侍従や女官をして拝礼されることで、具体的なものとしては侍従が毎朝、午前八時三十分に宮中三殿に参向して賢所正面より参進して賢所・皇霊殿・神殿を順次拝礼し、天皇に代わって皇室・国家・国民の平安を祈る「毎朝御代拝」という儀式がある。

＊四時祭典定則

皇室祭祀に関する大枠を定めた規定で明治四年十月二十九日に神祇省によって制定され、明治四十一年九月十八日に公布された皇室祭祀令に継承された祭祀の定則。この四時祭典定則による皇室や官幣社での祭祀に準拠して、各地方の神社でおこなうべき祭祀については地方祭典定則が同日に併せて制定された。これにより皇室祭祀と神社祭祀の全国的な統一化、体系化が方針として定まることとなった。この定則が出る一カ月前の四年九月三十日に神祇省にて鎮祭していた歴代皇霊の宮中遷座がなされており、同十一月には大嘗祭が斎行されるなど、この時期が宮中三殿成立の画期となり、かつ皇室祭祀の二本柱の一つである皇霊祭祀の根本、近代の皇室祭祀の基本が定まった時期でもある。

大喪《たいそう》にかかる諸儀式

現行皇室典範の第二十五条には、「天皇が崩じたときは、大喪の礼を行う」とある。昭和六十四年一月七日に昭和天皇が崩御《ほうぎょ》＊遊ばされた際には、現行典範のもとで初めての大喪に関する諸儀式が斎行されることとなったが、典範には「大喪の礼」を含む喪儀式の詳細は定められていなかった。

そのため、崩御の当日に宮内庁に設置された「大喪儀委員会」と、八日に内閣に設置された「大喪の礼委員会」によって大喪にかかる諸儀式の挙行方針などが審議され、戦前の皇室喪儀令などを参考とすることが決まり、結果、殯宮祗候《ひんきゅうしこう》＊など合わせて三十を超える関連の儀式や行事が執りおこなわれた。

昭和天皇の大喪にかかる諸儀式を振り返ってみると、まず、崩御直後に病室となっていた吹上御所二階から、一階居間に御尊骸が遷されて殯宮に遷すまで仮安置する殿とされ、そこで天皇陛下以下皇族や三権の長らによって拝訣《はいけつ》（お別れ）がなされた。

崩御翌日の一月八日には吹上御所で「御舟入《おふねいり》の儀」が斎行され、翌九日に同御所で「斂棺《れんかん》の儀」、十七日に東京都八王子市の陵所（宮内庁告示にて二月二十四日に武蔵野陵と決定）にて「陵所地鎮祭の儀」が執りおこなわれた。その後、十九日に宮殿松の間に設けられた殯宮で「殯宮移御《いぎょ》の儀」が斎行され、同日より大喪の礼当日の二月二十四日まで「殯宮祗候」が続けられた。

翌二十日には「殯宮移御後一日祭の儀」があり、同日から大喪の礼前日の二月二十三日まで「殯宮日供の儀」が執りおこなわれた。なお、この殯宮には内陣と外陣《げじん》が設けられ、昭和天皇の御柩が内陣の御座に安置された。

一月二十一日には、殯宮にて「殯宮拝礼の儀」が斎行されたが、翌二十二日から三日間、長和殿ベランダに昭和天皇の御遺影が飾られ、宮殿東庭から一般参列者が拝礼する「殯宮一般拝礼」がおこなわれた。外交団による殯宮拝礼は、二十五日に殯宮で実施され、翌二十六日には「殯宮二十日祭の儀」があり、大《たい》行《こう》天皇から昭和天皇といふ追号が決まった三十一日には、「追号奉告の儀」が斎行されている。

崩御より三十日目、四十日目となる二月五日、十五日に殯宮で「殯宮三十日祭の儀」と「殯宮四十日祭の儀」が斎行された。大喪の礼前日の二月二十三日には、武蔵野陵にて「陵所祓除の儀」が執りおこなわれ、また昭和天皇の御霊代を祀る権殿が宮殿表御座所の芳菊の間に設けられて「霊代奉安の儀」が斎行されている。

二月二十四日は、約十三時間五十分に亙って大喪の礼を含む諸儀式が執りおこなわれた。まず午前七時三十分頃に「斂葬《れんそう》当日殯宮祭の儀」が斎行された後、昭和天皇の御柩が宮殿松の間の殯宮から、一般でいう霊柩車にあたる轜車《じしゃ》へと移御。九時三十分頃になると、宮殿南車寄せでの「轜車発引《はついん》の儀」ののち、轜車は皇居を出発する。

出発に際し、陸上自衛隊による二十一発の弔砲が鳴らされ、二重橋の鉄橋を渡って葬場となる新宿御苑へと移動。葬場に到着すると、御柩が轜車から皇宮護衛官が担ぐ、全長七メートルの葱華輦《そうかれん》＊に遷され、「宗明楽」と呼ばれる楽部による雅楽が流れるなか葬場殿へと移動した。

その後、十時三十分頃より「葬場殿の儀」が斎行されたが、同儀では、祭官長が祭詞を奏上した後、今上陛下から「明仁謹んで御父昭和天皇の御霊に申し上げます」との言葉で始まる昭和天皇への讃意と哀悼の意を示す「御誄《おんるい》」が約七分間に亙って読み上げられた。

続けて、正午から国事行為として大喪の礼が斎行され、参列者全員の黙禱のほか、内閣総理大臣をはじめ三権の長が弔辞を述べて拝礼した。午後一時すぎに再び轜車へと御柩が遷され、その後、陵所へ到着すると、武蔵野陵の石棺に御柩が納められ、陵所祭場殿にて七時四十分から「陵所の儀」が斎行された。

大喪の礼当日の二月二十四日から一周年祭の前日である翌年一月六日までは宮殿芳菊の間の権殿で「権殿日供の儀」が続けられ、崩御から五十日目となる元年二月二十五日から翌年一月六日まで武蔵野陵にて「山陵日供の儀」が連日、執りおこなわれた。元年二月二十五日には、「斂葬後一日権殿祭・権殿五十日祭の儀」が権殿で、「斂葬後一日山陵祭の儀・山陵五十日祭の儀」が武蔵野陵で斎行された。

三月二日には、宮殿にて「倚盧殿《いろでん》の儀」が斎行され、崩御から百日目となる四月十六日には「権殿百日祭の儀」「山陵百日祭の儀」が執りおこなわれた。百日祭の翌日に「山陵起工奉告の儀」があり、約一年かけて石造の陵墓を建造し、一周年祭の前までに「山陵竣工奉告の儀」が斎行されて、武蔵野陵が完成した。

二年一月七日の一周年にあたり、「権殿一周年祭の儀」「山陵一周年祭の儀」が斎行され、二日後の九日に皇居にて「霊代奉遷の儀」が斎行されて昭和天皇の御霊代が皇霊殿に奉遷された。

一般的な葬儀の本葬の部分にあたる「斂葬」は、戦前の皇室令では「斂葬の儀」と呼ばれ、葬場での「葬場殿の儀」と、陵所での「陵所の儀」を総称したものである。

昭和天皇の大喪にかかる諸儀式の場合、憲法に定める政教分離の原則から平成元年二月二十四日の皇居正門から葬場まで、葬場から武蔵野陵までの「葬列」と、「葬場殿の儀」と「陵所の儀」の間に斎行された

昭憲皇太后大喪儀葬場殿趾（東京・代々木公園内）

「大喪の礼」のみが国事行為とされた（平成元年二月十四日の内閣告示第四号「大喪の礼の細目の内閣告示」）。一方「葬場殿の儀」と「陵所の儀」が皇室行事として斎行されたことは周知の通りである。

実際には旧皇室令でいうところの「葬場殿の儀」のなかの内閣総理大臣、宮内大臣の誄（弔辞）の奏上と参列者の拝礼が、三権の長の弔辞と参列者の拝礼に替わったものが「大喪の礼」である。そのため、「葬場殿の儀」が終了した後、宗教色を取り除くため、一旦黒い幔幕を閉めて大真榊と鳥居を撤去し、祭官長以下祭官が退席したことが知られる。

昭和天皇の大喪にかかる諸儀式を振り返ると、これまでの大喪儀の伝統をいかに継承するかという点と、典範に定める「大喪の礼」という国事行為について宗教色を除いていかに斎行するかという点で、現行憲法の解釈なども踏まえつつ、その兼ね合いに苦心したことを窺い知ることができる。

なお、宮内庁から平成二十五年十一月十四日に「今後の御陵及び御喪儀のあり方についての天皇皇后両陛下のお気持ち」ならびに「今後の御陵及び御喪儀のあり方について」が発表されている。この「あり方」の発表にあたっては、とくに「今後の御陵の形態、御葬送の儀式については、国民の日常生活に影響が及ぶことを極力少なくするようなあり方とする」等の方針が示されているため、今上陛下、皇后陛下の場合は、昭和天皇や香淳皇后の折のような御喪儀や御陵の形態が一部変わる可能性もあるものと考えられる。

◆キーワード

＊崩御

天皇・太皇太后・皇太后・皇后の死去を敬って示した語のこと。

＊殯宮祇候

殯宮とは天皇、皇族の棺を一般の告別式にあたる「斂葬の儀」が執りおこなわれるまでの間、安置しておく仮の御殿のこと。昭和天皇の折は、宮殿の松の間が殯宮にあてられた。祇候は、つつしんで御側にて仕え奉ることであるが、皇室の喪儀における「殯宮祇候」の場合は、一般でいう仮通夜にあたるものとして称する。

＊葱華輦

輦とは、神や天皇・皇后がお乗りになる乗り物の一種で、屋根の形が方形をしている輿のことを指す。屋根の形は四つの棟を中央の頂に集めた方形造で即位に用いたものが金銅製の鳳凰を屋根の中央に取り付けた鳳輦で、現在の神社の祭礼の際に出される神輿は、おおよそ鳳輦を模したものが多い。これに対して鳳輦の略儀にあたるものが葱華輦である。葱華輦は、形状は鳳輦とほぼ同じであるが、屋根の中央に葱の花に似た宝珠を取り付けたものである。

陵墓

陵墓について、現行の皇室典範第二十七条によれば、歴代の天皇、皇后及び太皇太后、皇太后が葬られた「陵」と、その他の皇族方が葬られた「墓」に分けられる。また、同条で「陵及び墓に関する事項は、これを陵籍及び墓籍に登録する」と定められている。

「陵」は「山陵」とも呼ばれるが、古墳時代に設けられ、現在、世界遺産の国内推薦候補に選定されている日本最大の古墳である仁徳天皇陵（百舌鳥耳原中陵《もずのみみはらのなかのみささぎ》・大仙古墳）や、應神天皇陵（恵我藻伏崗陵《えがのもふしのおかのみささぎ》・誉《こん》田《だ》御廟山古墳《ごびょうやまこふん》）などに代表される世界最大級の規模を誇る前方後円墳がよく知られている。

このほか推古天皇陵のような方墳、後醍醐天皇陵や孝明天皇陵といった高塚式円墳などがあるが、明治天皇陵の伏見桃山陵や大正天皇の多摩陵、昭和天皇の武藏野陵は、天智天皇陵や舒明天皇陵を模範とした上円下方の陵である。

陵には古墳時代のような大規模な墳丘もあったが、**薄葬**＊思想や、仏教の影響で火葬がおこなわれるようになったことから、その規模は時代が経るにつれて小規模となる。平安時代末期に鳥羽天皇が三重塔に埋葬されたものが陵とされて以降、江戸時代末期の仁孝天皇陵に至るまで、陵の多くが多宝塔や方形堂、石塔の形式で寺院内に設けられている。ただし、なかには後醍醐天皇陵のように円丘の墳墓形状にて祀られた例もみられる。

陵墓は皇室祭祀の対象とされており、陵墓、陵墓参考地ともに国有財産法第三条第二項第三号の皇室用財産として、宮内庁が宮内庁法に基づいて管理をおこなっている（宮内庁書陵部が担当）。現在、宮内庁の管理する陵墓等の分布は、北は山形県から南は鹿児島県までの一都二府三十県に亙り、本州本土のみならず、四国（香川県・崇徳天皇陵）、佐渡島（順徳天皇の火葬塚＝真野御陵）や隠岐島（後鳥羽上皇の火葬塚）などの離島にも分布している。

陵は百八十八、墓が五百五十四、分骨所、火葬塚、灰塚などの陵に準ずるものが四十二、髪歯爪塔などが六十八、陵墓参考地が四十六あり、合計で四百六十カ所、八百九十八の陵墓が存在している（『宮内庁要覧　平成二十八年版』による）。陵墓とその関連地域の総面積は約六百五十二万平方メートルに及び、宮内庁は、全国各地に所在する陵墓を多摩（東京）、桃山（京都）、月輪（京都）、畝傍（奈良）、古市（大阪）の五陵墓監区事務所にて管理している。

陵のうち歴代天皇陵（皇陵）は一代一陵ではなく、二方重祚《ちょうそ》（皇極天皇・齊明天皇、孝謙天皇・稱徳天皇）、二方合葬（天武天皇・持統天皇）、十方合葬（後深草天皇・伏見天皇・後伏見天皇・後小松天皇・稱光天皇・後土御門天皇・後柏原天皇・後奈良天皇・正親町天皇・後陽成天皇。ほか北朝二方も合葬）があるため、合計で百十二である。現在、宮内庁庁規で天皇陵は関東地区の国有地から選定されることとなっているため、昭和天皇、香淳皇后は東京都八王子市長房町に営まれた大正天皇、貞明皇后の多摩陵、多摩東陵と隣接する敷地内に陵墓が設けられた（武蔵陵墓地）。

皇族については現在、豊島岡墓地《としまがおかぼち》に葬られている。同墓地は東京都文京区大塚の護国寺境内に隣接する八万四百七十四平方メートルに及ぶ区域である。明治六年九月十八日に明治天皇の第一皇子・稚瑞照彦《わかみずてるひこの》尊《みこと》が薨去されたのに伴い、太政官布告にて護国寺境内の約二万六千平方メートルを御陵墓地としたのが豊島岡墓地の始まりである。

前述の陵墓参考地については、現行の皇室典範にその文言はみえないものの、陵墓の一分類とされている。この陵墓参考地については、昭和四十六年二月十八日の第六十五国会における参議院文教委員会での瓜生順良《うりゅうのぶよし》宮内庁次長の答弁が解釈上、一つの参考となる。

瓜生次長によれば、考証に基づいて特定の天皇や親王などに**治定＊**されている陵墓が大部分であるものの、形状などから考えると「陵墓であるかもしれない、まあ学説ではそういうような学説もあるというようなもので、そのものについてはどうも確定はしかねるというような場合」に参考地として指定をし、書陵部にて保存や整備などその管理にあたっていると解釈されている。

宇治山田陵墓参考地
（三重県伊勢市倭町）

さて、陵墓参考地の淵源は、明治十五年六月に宮内卿・徳大寺実則から太政大臣の三条実美に提出された、所在不明の天皇陵の比定や伝承地をめぐる「御陵墓見込地につき上申」である。

その後、十六年三月に安徳天皇陵の伝承地の一部、十八年三月に元明天皇陵、元正天皇陵の伝承地の一部が「御陵墓見込地」に指定され、順次、陵墓の見込みのある箇所が宮内省の所管として管理、保護されることとなった。十八

伏見桃山陵（京都・明治天皇陵）

年九月には、「御陵墓見込地」の名称を「御陵墓伝説地」と改称。二十一年には、「御陵墓伝説地」について、陵墓としての信憑性の程度に応じて、「御陵墓伝説地」と「御陵墓伝説参考地」の二種類に名称分類がなされ、三十年に「御陵墓伝説参考地」が「御陵墓参考地」と改称されている。

その後、明治後期からの皇室令の整備に伴って大正十五年に制定された皇室陵墓令の施行規則に「陵墓参考地」と記されたことから、「御陵墓伝説地」と「御陵墓参考地」は信憑性の有無に拘らず、「陵墓参考地」と名称が統一され、現在に至っている。

なお、皇室陵墓令では、陵形を「上円下方又ハ円丘」と定め、天皇以下皇族に至るまで陵墓の面積を規定している。皇室陵墓令は昭和二十二年に廃止され、昭和天皇の陵墓造営に際しては、法的根拠がなかったものの、大正天皇の多摩陵とほぼ同様の形状で武蔵野陵が営まれている。

◆キーワード

＊薄葬

葬儀の簡略化、簡素化のこと。古代、とくに天皇の喪儀は、貴人の死を悼み、本葬の前に棺に御尊骸を納めて仮に祀る殯（もがり・あらき）の期間を含めて墳墓の造営など長期に亙って鄭重におこなわれていた。大化の改新以後、薄葬令が発せられ、一般の葬儀については簡素化した。

＊治定

天皇が親しくお定めになること。

皇太子

皇太子とは、「東宮《とうぐう》」「春宮（とうぐう・はるのみや）」「儲君《ちょくん》」「坊《ぼう》」「ひつぎのみこ（霊を嗣ぐ御子の意）」なども称され、皇位を継承する皇子のことを指す。

明治二十二年に制定された旧皇室典範では、第十五条に「儲嗣タル皇子ヲ皇太子トス皇太子在ラサルトキハ儲嗣タル皇孫ヲ皇太孫トス」とあり、現行の皇室典範第八条でも、「皇嗣《こうし》たる皇子を皇太子という。皇太子のないときは、皇嗣たる皇孫を皇太孫という」と、旧典範の条文をほぼ継承する形で皇太子・皇太孫を規定している。皇太子に関する事務組織として現在は、宮内庁に東宮職が置かれているが、律令制のもとでは春宮坊と呼ばれる組織が置かれていた。

皇太子の称号にかかる文献上の初見としては、『日本書紀』の巻第三、神武天皇紀に「四十有二年の春正月の壬子の朔甲寅に、皇子神渟名川耳尊《かむぬなかわみみのみこと》を立てて、皇太子としたまふ」とあり、「皇太子」として神渟名川耳尊（綏靖天皇）を立てた記事が見られる。しかし、この記事については、綏靖天皇の即位前紀に同様の記事がないことから後世に構想されたものと見る向きがある。

皇太子制の成立は、推古天皇の皇太子となった厩戸皇子（聖徳太子）の時とされている。しかし、皇位継承資格者に「大兄《おおえ》」の称を付ける皇位継承制度は聖徳太子以降も残り、その最後の例が中大兄皇子（天智天皇）であることから、天智天皇、天武天皇の御代に皇太子制の成立を求める説もある（米田雄介編『歴代天皇年号事典』)。

歴史的にみれば、古代の場合、前述のように天智天皇以前には「大兄」と称する複数の皇位継承予定者のなかから皇嗣(皇位継承第一順位者)が定められていた時期もある。また、天皇の子や孫以外でも皇太子とした例があり、当代の天皇の在位中に天皇の兄弟、娘、叔父など皇親《こうしん》(現在でいう皇族。次項「皇族の範囲」参照)が皇太子となった例もある。例えば、聖武天皇の長女・阿部内親王は、天平十年(七三八)一月に立太子《りったいし》して、皇女として初めて皇太子となり、天平勝宝元年(七四九)七月に即位し孝謙天皇となった。

現在のような、一人の皇族を皇位継承者に定めることが確立するのは、七世紀以降になってからであるが、皇太子の身分を得ても、草壁皇子(岡宮天皇と追尊《ついそん》)のように薨去した例や、恒世親王のように辞退した例もある。このほか、他戸親王や早良親王(崇道天皇と追尊)のように事件や事故などの事由で皇太子を廃されて皇位を継承しなかった例もある。

皇太子を定めたことを広く内外に宣言、公示する儀式として立太子の礼がある。しかし、室町期以降は皇室経済の衰微に伴って資金の調達ができず、立太子の礼が斎行できない時期があり、皇太子制そのものも室町時代から江戸時代前期まで途絶えていた。

霊元天皇の第四皇子であった朝仁親王(東山天皇)が天和三年(一六八三)に立太子の礼を斎行し、約三百年ぶりに復興する。この時、立太子の礼に先立つ天和二年に朝仁親王が儲君に治定され、事実上の皇嗣であることが内外に広く認知された。このことが先例となり、以降は立太子の礼に先駆けて儲君治定をおこなうこととなった。「儲君」とは本来、皇太子の異称の一つであったが、これ以降、皇太子に先立つ身位として用いられるに至った。

また、立太子にあたっては、東宮御相伝の護剣である壺切御剣《つぼきりのぎょけん》*が天皇から伝達されており、身位の印となっている。この御剣の伝達は、平安期に藤原家が所持していた剣を初代関白の藤原基経が宇多天皇に献上し、天皇が当時皇太子であった敦仁親王（醍醐天皇）に授けたことが創始とされる。

なお、江戸期には、前述のような経済的な事由や社会の混乱などもあって、儲君の治定のみで立太子の礼が斎行されずに皇位についた例もある。兼仁親王（光格天皇）と睦仁親王（明治天皇）がこの事例にあたるが、睦仁親王はわずか八歳にして儲君治定を受けている。

嘉仁親王（大正天皇）は、九歳の時に儲君に治定され、十一歳で立太子の礼がおこなわれ皇太子となっている。旧皇室典範では皇位を皇長子ないし皇長孫に伝えることとしたため、皇長子は生まれながらにして皇太子の身位を得ることとなり、立太子の礼は、皇嗣たることを改めて内外に宣示する儀式となった。そのため、裕仁親王（昭和天皇）は大正天皇の践祚《せんそ》と同時に皇太子となり、大正五年、十五歳の時に皇居の賢所で立太子の礼がおこなわれた。

今上陛下には、昭和二十七年十一月十日、前年に薨去遊ばされた貞明皇后の服喪により延期となっていた成年式とあわせて立太子の礼が挙げられ、皇嗣たることを内外に宣言された。なお、昭和八年に今上陛下がお生まれになるまでは、皇太子が不在であった。

皇太子殿下も三十一歳の御誕生日を迎えられた平成三年二月二十三日に皇居にて立太子の礼を挙げられているが、立太子の礼にかかる諸儀式の役掌などの内容に、今上陛下と皇太子殿下とでは若干の差異がある。

◆キーワード

＊壺切御剣

皇太子に受け継がれる壺切御剣は、現行憲法においては、皇位とともに伝わるべき由緒ある物（御由緒物）とされている。もともとは藤原氏が所持していた名剣と伝えられており、宇多天皇の御代に藤原基経から献上され、皇太子であった醍醐天皇に授けられたことによって、皇太子御相伝の剣となった。しかしながら治暦四年（一〇六八）に内裏が炎上したことにより御剣が焼失したため、以後、他の御剣をもって代替されたものが現在の御剣と伝えられている。

皇族の範囲

皇族とは、天皇の一族を指す語とされるが、その語が法制上の用語として確定し、近代的な制度の下に規定されたのは、明治以降のことである。それ以前は如何に呼称されていたかといえば、天皇の血縁を指す「皇親《こうしん》」の称がこれにあたる。皇親の称は**令制***にて用いられたのを始めとする。皇親が天皇の血縁に限定されるのに対して、皇族は臣下（君主に仕える者）出身で皇親の配偶者も含むという違いがある。

上古には、皇親の男子は「某尊（命）」、女子は「某媛（姫）」「某姫尊（命）」と記されていた。その後、古代に至り、**皇胤《こういん》***男女子はすべて「某王」と称されていたが、後に「某王」「某女王」と区別されるようになり、時代がさらに下り天皇の呼称が定まってからは、天皇の子女を「皇子」「皇女」と称し、孫王以下と区別されることとなった（『皇室制度史料』皇族一）。さらに大宝・養老の**継嗣令《けいしりょう》***で親王と諸王の別が定められ、親王を一世とし、その四世までを皇親とすることとなった（皇兄弟子条）。五世は王名を称することは許されるものの、皇親とはされなかった。

なお、五世王の子を王と称すべきか否かについて令の条文では明記していないが、**芝葛盛《かずもり》***によれば、六世以下が王名を称し得なかったとは言い難いが、王名を称しても皇親の範囲ではなかったと考えられている（芝『皇室制度』）。ちなみに親王の称は、隋や唐の制度に由来するもので、その初見は、『日本書紀』天武天皇四年（六七五）二月己丑の詔《みことのり》である。内親王の語については、中国に出典がないため、わが国で創出されたものと考えられている。

さて、現行皇室典範の第五条によれば、皇族とは、皇后、太皇太后、皇太后、親王、親王妃、内親王、王、王妃、女王がその範囲とされており、**内廷＊**の皇族と宮家の皇族の二種類に区分される。また、その身分の取得について、天皇の嫡出子および皇族の嫡出子は出生時から皇族の身分を有する。嫡出の皇子および嫡男系嫡出の皇孫のうち男は親王、女は内親王と称し、三世以下の嫡男系嫡出の子孫は男を王、女を女王と称する。その中で、皇嗣《こうし》（皇位継承第一順位者）たる皇子を皇太子とし、皇太子不在の場合は皇嗣たる皇孫を皇太孫とすることとなっている。

旧皇室典範では、典範制定時に世襲親王家（後述）があったこともあり、四世までを親王・内親王とし、五世以下を王・女王とするなど、現行典範と若干異なっている。また旧典範では、臣籍降下した皇族女子も特旨により内親王、女王の称を有することが許されていた。

近代における皇族は、基本的には現在のように何代に亙っても皇族であり続けるとする永世皇族制であったが、皇族の増加に伴う皇室経済の問題等を背景に皇族の臣籍降下が可能となった（明治四十年二月十一日、大正七年十一月二十八日の皇室典範増補）。さらに大正九年五月十九日に制定（未公布）された「皇族ノ降下ニ関スル施行準則」により、五世以下を皇族から臣籍に降下させる方向へと改定される。ただし、この準則は、あくまで制定当時の皇族の構成範囲を基に定められたものであったため、事情によっては変更し得るものとされ、実際には終戦頃までの二十年余の間、厳密な運用とまではいかなかった（国立国会図書館憲政資料室蔵『牧野伸顕文書』、阿部寛「「皇族ノ降下ニ関スル施行準則」について」『明治聖徳記念学会紀要』五十号）。

現在、皇族は国民でいうところの戸籍簿にあたる**皇統譜**《こうとうふ》＊に記録されており、年齢十五年以上の内親王、王及び女王は、その意思に基づき皇籍から離脱することができる。やむを得ない特別な事由がある場合にも皇籍の離脱が可能であるが、いずれの場合も皇室会議の議を経て皇統譜から削除される。内親王や女王が天皇や皇族以外の者と婚姻する際も、皇室会議の議を経て皇籍から離脱し、皇統譜から削除される。ちなみに皇室会議とは、皇族二人と衆参両院議長および副議長、内閣総理大臣、宮内庁長官、最高裁判所長官およびその他の裁判官の計十人で構成され、皇室に関する重要事項を審議する機関である。なお、国民の女子は、男子皇族と結婚することで皇族になることができるが、皇族が養子を迎えることはできない。

また、皇族の一部は、摂政に就任可能なことや皇位継承権を持つ親王や王がいることから、一般国民と異なる取扱いがなされており、例えば選挙権を有しない。これは、皇統譜には戸籍法の適用がなされないことによるもので、公職選挙法の付則に伴い、その権利を停止されているとの解釈に基づいている。

明治以前には、天皇より十数世離れている伏見宮家（北朝第三代の崇光天皇の第一皇子、栄仁親王を祖）をはじめ、世襲宮家（親王家）と呼ばれる伏見宮、桂宮（正親町天皇の第一皇子誠仁親王の第六王子にあたる智仁親王を祖とし当初は八条宮と称した）、有栖川宮（後陽成天皇の第七皇子好仁親王を祖とし、旧称は高松宮）、閑院宮（東山天皇の第六皇子直仁親王を祖とし、その孫の兼仁親王が光格天皇として即位したため、現在の皇室の系統にあたる）という四親王家があった。しかしながら、四親王家は、天皇との血縁関係が離れていたこともあって、各宮家に誕生した男子の多くを天皇の**猶子**《ゆうし》＊または養子とすることで、天皇との関係を一世に再定義する擬制的親子関係構築の形式的作業がなされていた。

猶子とは、養育の有無にかかわらず形成された擬制的親子関係にある子で、貴族・武家社会に多くみられたものである。養子については、現在の養子制度にあたるもので、養親子のほか、古代では継親子、嫡母庶子があり、近世では家相続目的の養子、その他の目的の養子の二種類があった。ただし、猶子・養子ともに実家と養子先と両方に親子関係があり、猶子あるいは養子になっただけでは皇族とならない。天皇が親王であることを宣言して新しい名前を下す「親王宣下」を受けることではじめて皇族となり、親王と称すことができた。

さて、前述の通り、律令の制定によって皇親の範囲が定められたが、賜姓などにより親王や諸王が臣下となる例も見られた。天平八年（七三六）、敏達天皇の皇玄孫（四世）にあたる葛城王と佐為王による賜姓の請願が認められ、諸王の臣下となる途が開ける。その後、諸王の賜姓による降下が徐々に増加するが、平安期に入ってからは、桓武天皇の御代に先帝（光仁天皇）の皇子（廣根朝臣）や自身の皇子（長岡朝臣・良岑朝臣）に賜姓による降下をおこなって以降、嵯峨天皇の御代には当時の皇室の財政状況もあって、臣籍への降下が夥しく増加する。以後、代々の天皇は天皇の皇子、皇女といえども、すべてを親王、内親王とせず、臣籍へと降下させることが多くおこなわれるようになった。

また、臣下へと下った者が皇籍に復帰する事例もあった。例えば、天武天皇の皇曽孫・和気王は、一旦岡真人の姓を賜い臣籍に下るが、天平宝字三年（七五九）、祖父の舎人親王に崇道盡敬皇帝の尊号が追諡《ついし》＊された際、皇籍に復して再び王と称した。和気王の子である大伴王、長岡王、名草王、山階王、采女王も宝亀二年（七七一）に皇籍復帰している。奈良時代には、懲戒により皇籍を剝奪された者が後に許されて皇籍に復帰した事例もあり、聖武天皇の皇女・不破内親王については、神護景雲三年（七六九）に県犬養姉女らとの企てがあったとして厨真人の姓を賜い京外に追放されていたが、のちに皇籍に復されて内親王となっている。

嵯峨天皇の御代以降、臣下となったのち皇籍に復帰した事例としては、光孝天皇の皇子・源定省の例が挙げられる。元慶八年（八八四）に源姓を下賜された定省であったが、光孝天皇の重篤を受け、仁和三年（八八七）に親王に列せられるとともに、皇太子となり、天皇の崩御《ほうぎょ》後、即位して宇多天皇となっている。これに伴い、宇多天皇の兄弟にあたる是忠、是貞、為子、忠子、簡子、綏子についても寛平三年（八九一）に皇籍に復帰し、親王、内親王となっている。

また、醍醐天皇の皇子・源兼明、順徳天皇の皇子・源盛明なども皇籍に復帰しており、同じく順徳天皇の皇曽孫・源忠房は、文保三年（一三一九）に後宇多上皇の猶子となり、親王宣下を受け皇籍に復帰している（三世源氏の立親王は未曽有のことであった）。そのほか、後嵯峨天皇の皇孫・源惟康や後深草天皇の皇孫・源久良なども親王宣下の後、皇籍に復帰している。

明治に入ってからの例としては、伏見宮邦家親王の第十五男子の六十宮が、慶応二年（一八六六）に臣籍降下し、真宗仏光寺住職で第二十五代管長であった教応の養子となる。その後、慶応四年（一八六八）六月に仏光寺を継ぎ、明治五年に華族に列せられた後、澁谷家教と称した。家教は、二十一年六月二十八日に澁谷家を離籍し、特旨を以て、伏見宮に復帰したが、同日付で再び臣籍降下して清棲《きよす》の姓を賜って伯爵となり、以後、貴族院議員や宮中顧問官、山梨、茨城、和歌山、新潟などの知事を務めた。

なお、仁孝天皇の第三皇女であった桂宮淑子《すみこ》内親王（孝明天皇の異母姉、和宮親子《ちかこ》内親王は異母妹）は、江戸幕末頃の制であるが、幕末から近代にかけて唯一、内親王が世襲宮家を相続した例であり、幕末期の文久二年十二月二十三日（一八六三年二月十一日）に異母弟で、養父である桂宮節仁親王（桂宮第十一代）

桂宮西ノ墓地の立札（京都・相国寺内）

の没後に桂宮家を相続し、准三宮、一品を叙され、明治十四年十月三日に薨去＊するまで桂宮家の当主であった。淑子内親王の薨去により、四親王家の一つで世襲宮家である桂宮は断絶した（のち戦後に三笠宮崇仁親王の第二男子である宜仁親王が昭和六十三年に独立して生計を営む際に昭和天皇から称号を与えられて創設した桂宮家も同称であるが四親王家であった桂宮とは無関係である）。

皇室の書道、歌道を家学とした有栖川宮は、大正二年七月五日に宮家当主の威仁親王（皇典講究所初代総裁であった熾仁親王の第四王子）が薨去し、その継嗣《けいし》たる栽仁《たねひと》王も明治四十一年に薨去していたために宮家は廃絶した。当時、旧皇室典範でも皇族の養子縁組は禁止されており、四親王家では伏見宮家に次いで古い歴史を持つ有栖川宮家の財産等の相続の問題もあったが、大正天皇の特旨により、大正二年七月六日に大正天皇第三皇子の宣仁親王が有栖川宮の旧称である高松宮を新たに創設する形で宮家の祭祀や財産等の一部を継承した。その後、高松宮家は昭和六十二年二月三日に宣仁親王が薨去。平成十六年十二月十八日に親王妃喜久子殿下も薨去し、高松宮家は廃絶した。

表6　鎌倉以降の主な宮家について※大正以降は（　）内に直宮家も記載

	鎌倉	鎌倉末	室町	江戸	明治維新	明治末	大正	昭和（皇籍離脱時）	平成10年	平成29年
1	岩倉宮	常磐井宮	伏見宮	伏見宮	伏見宮	有栖川宮	伏見宮	伏見宮	常陸宮	常陸宮
2	四辻宮	木寺宮	京極宮（桂宮）	桂宮（八条宮）	桂宮	伏見宮	山階宮	山階宮	三笠宮	三笠宮
3	五辻宮		有栖川宮	有栖川宮	有栖川宮	華頂宮	賀陽宮	賀陽宮	高円宮	高円宮
4	常磐井宮			閑院宮	閑院宮	山階宮	久邇宮	久邇宮	桂宮	（秋篠宮）
5	木寺宮				山階宮	賀陽宮	梨本宮	梨本宮	（秋篠宮）	
6					賀陽宮（のち久邇宮）	久邇宮	朝香宮	朝香宮		
7					聖護院宮（嘉言親王）	梨本宮	東久邇宮	東久邇宮		
8					華頂宮	朝香宮	北白川宮	北白川宮		
9					照高院宮（北白川宮）	東久邇宮	竹田宮	竹田宮		
10					梶井宮（梨本宮）	小松宮	閑院宮	閑院宮		
11						北白川宮	東伏見宮	東伏見宮		
12						竹田宮	（秩父宮）	（秩父宮）		
13						閑院宮	（高松宮）	（高松宮）		
14						東伏見宮		（三笠宮）		

◆キーワード

＊令制

律令制のこと。大宝令、養老令に規定されたわが国の諸制度のこと。

＊皇胤

天皇の血統にある人のこと。

＊継嗣令

古代に出された律令の一つ。皇親（皇族）の身分や婚姻、諸臣の継嗣方法に関する規定で、親王、王の範囲をはじめ、五位以上の嫡子の届出や身分による婚姻の制限などが定められている。唐の律令には同様のものはなく、大宝令に続いて出された養老令の篇目にある継嗣令が知られている。

＊芝葛盛

明治から昭和初期の歴史学者。明治十三年～昭和三十年。東京都出身。宮内省楽部楽長であった芝葛鎮の長男。明治三十六年に東京帝国大学国史学科を卒業後、同大史料編輯掛を経て、宮内省図書寮編修官・編修課長、宮内省御用掛、明治天皇御紀編集委員会委員などを務め、天皇皇族の実録編纂や帝室制度史の編修事業に従事した。正四位勲三等。日本女子大学や國學院大學の講師も務めた。著書に『岩波講座日本歴史　皇室制度』、『神武天皇』などがある。

＊内廷

天皇と皇后およびその皇子女のうち、独立した宮家を設けていない親王や内親王を指して内廷皇族と呼ぶ。具体的には皇后、太皇太后、皇太后、皇太子とその家族（皇太子妃、敬宮内親王殿下）、天皇・皇后の皇子女のうち未婚の皇子女（例えば結婚前の紀宮殿下）が内廷（の皇族）にあたる。内廷の語は、これら当該皇族の日常生活を扱う機構および内廷皇族の生計にあたるものも指しており、内廷の日常生活にかかる費用を内廷費、内廷に仕える宮内庁職員を内廷職員と呼称している。かつては、宮中大奥の意味として用いられ、御内儀、後宮ともいった。

＊皇統譜

現行では、皇室典範第二十六条および皇統譜令によって定められた天皇、皇族の身分に関する事項を公式に記載した帳簿で、一般でいうところの戸籍にあたる。皇族の身分を公証し、皇位継承の基礎となるものでもあり、天皇、皇后については「大統譜」、その他の皇族については「皇族譜」に登録され、戸籍法は適用されない。皇統譜の原本は宮内庁書陵部にて、副本は法務省にてそれぞれ保管されている。

＊猶子

「なお、子の如し」の意で、兄弟や親類、他人と擬制的な親子関係を結び、子になった者の称。養子との違いは、養子と比較して家督や財産の相続を第一義とせず、歴史的には「氏」の結束や官位の昇進などと関わることが多く、養子縁組よりも緩やかで擬制的な側面が強いことである。皇位継承の場合は、主に天皇と直接の親子関係にない宮家（世襲親王家など）の子が、天皇の猶子となって親王宣下を受けるようなケースが挙げられる。

＊追諡

諡は「おくりな」のことで、天皇の崩御後に諡を贈ること。淳仁天皇や仲恭天皇のように廃帝になった天皇に対しても贈られている。諡号自体は香淳皇后や貞明皇后のように皇后においても例があるほか、摂関期の藤原氏（藤原良房、基経ら）や義公（徳川光圀）・烈公（徳川斉昭）のように臣下に贈られた事例も著名である。

＊薨去

皇族または三位以上の者が死去した場合にその死を敬い用いる語。

皇室経済

日本国憲法の第八十八条には、「すべて皇室財産は、国に属する。すべて皇室の費用は、予算に計上して国会の議決を経なければならない」とある。国の予算に計上される皇室にかかる費用としては、皇室経済法第三条にて定められており、①内廷費、②宮廷費、③皇族費――の三種類がある。

三種いずれも宮内庁にて取り扱う予算であるが、組織としての宮内庁の事務一般の費用（職員の人件費や事務費用などを含む）を扱う宮内庁費とは別立てのものとして計上されている。この三種類の分類については、神事費などが独立し、学習院費や牧場費、御料部（林野）費などもあった戦前の皇室予算とは、大きく異なっている。

まず、①の内廷費についてであるが、皇室経済法第四条に「天皇及び内廷にある皇族の日常の費用その他内廷諸費に充てるもので、御手元金となるものとし、宮内庁の経理に属する公金としない」という規定がある。現在、その対象となる内廷の皇族は、天皇陛下および皇后陛下、皇太子殿下、皇太子妃殿下と敬宮愛子内親王殿下であり、私的な生活費ともいうべき性格を持っている。

かつて昭和四十九年から、平成二年にかけての十六年間に、内廷費の使途の概略が五回、国会で明らかにされているが、その内廷費の使途内訳は、具体的な比率に直した森暢平によれば（『天皇家の財布』。森は元毎日新聞皇室担当記者）、人件費と物件費の比率がおよそ一対二となり、五回ともほぼ変化がない。

例えば、平成二年に明らかにされた費用の比率でいえば、人件費が三四%、残りの六六%が、(1)用度費、(2)食饌費、(3)恩賜金・交際費、(4)教養費・旅行費、(5)祭祀費、(6)その他雑費——の物件費である。

ここでいう人件費とは、内廷職員と呼ばれる形で雇用されている者への給与で、掌典職（掌典長、掌典、内掌典《ないしょうてん》、雑仕）や、生物学研究所、御養蚕所の職員らに対して支給される。

六六%の物件費のうち、八%が(5)の祭祀費（皇室祭祀にかかる費用）であるとされるが、これは宮中三殿での神事にかかる祭具や山陵での祭祀の費用であり、行幸などで供えられる神社の幣饌料《へいせんりょう》＊は、(3)の恩賜金・交際費にあたる。また、女性皇族である愛子内親王殿下の授業料は、(4)の教養費という扱いとなるが、かつて、皇太子殿下が学習院にて修学された教育費は、皇位継承権者であるため、宮廷費の扱いとされたという点で差異がある。

内廷費の使途については、宮内庁経理に属さないといっても実際には、内廷皇族が自由に使えるわけではなく、年度初めに宮内庁の関係部局長による内廷会計委員会が予算を決定し、年度終わりには、別に設置された監査委員会が監査をおこない、監査委員が決算委員会に報告するシステムとなっている。実際には年四回、皇室経済主管によって国庫から支出され、内廷会計主管により経理がなされている。

次に宮廷費であるが、皇室経済法第五条には、「内廷諸費以外の宮廷諸費に充てるものとし、宮内庁で、これを経理する」とある。具体的には、宮殿における儀式や行事、国賓・公賓の接待費用、全国各地への行幸啓、外国御訪問などの公的活動に必要な経費である。

宮廷費には、宮殿の冷煖房の設備補修など施設管理費にあたるものも含まれる。さらには京都御所や桂離宮といった離宮、陵墓等の施設修繕などにも使われており、吹上御所、御苑をはじめとする皇居施設備、雅楽の保存、正倉院宝物の文化財管理費、移動の折に使う自動車や馬車の管理費も宮廷費から支出されている。

　続けて皇族費については、皇室経済法第六条に「皇族としての品位保持の資に充てるもの」とあり、秋篠宮家、常陸宮家などの各宮家に支出されているものである。

幣饌料御下賜の立札（兵庫・生田神社）

この皇族費は、先に述べた内廷費と同様に、各宮家の私経済に属するという考え方であり、各皇族の御手元金という扱いとなっている。

　費用算定の基準として法で定める定額があり、独立の生計を営む親王には定額相当分が支出される。独立の生計を営まない親王、その妃及び内親王の場合は定額の十分の一、但し成年に達すれば十分の三の額を、王・王妃・女王の場合は、親王・親王妃・内親王の額の十分の七に相当する金額をそれぞれ支出することとなっている。

　また、皇族（親王）が婚姻して、独立の生計を営む場合には、定額の二倍の一時金が支給される制度もあり、例えば秋篠宮家は、平成二年六月の宮家設立の際に一時金が支給されている。皇族がその身分を離れる場合にも一時金が支給されるが、内親王や女王が結婚して皇籍を離脱する場合は、皇室経済会議の決定により定額の十倍を超えない範囲で一時金を支給することになっている。

皇室経済会議は、内閣総理大臣、財務大臣、宮内庁長官、会計検査院長らで構成され、内廷費や皇族費の定額の変更、皇族の身分離脱の際の一時金額の認定などの事項を審議することとなっている。

ちなみに内廷費、皇族費ともに所得税法第九条に基づき、非課税の扱いとなっており、固定資産税も課されない。関税についても関税定率法第十四条にて、「天皇及び内廷にある皇族の用に供される物品」の輸入には関税を免除することとなっている。しかしながら、天皇以下皇族の持つ、預貯金や株券の利子、配当金は課税され、地方税についても各皇族の居住地に納税することとなっている。

そのほか相続税についても適用の対象となる。例えば、昭和天皇の崩御《ほうぎょ》に際して、その皇后であった香淳皇后（皇太后）と、皇位を継承した今上陛下への相続税については、平成元年八月に公示されたことから、記憶にある読者もいると思うが、課税された遺産額が十八億六千九百十一万四千円で、今上陛下と香淳皇后とで折半して相続した結果、相続税額が約四億二千八百万円となった。

香淳皇后は、配偶者の課税軽減措置の適用を受け相続税はかからなかったが、今上陛下については、二分の一相当の相続税について、管轄となる麹町税務署へ宮内庁が納付の手続きをおこなったことが知られている。但し、相続税法第十二条にて、三種の神器や宮中三殿など、皇位継承にあたり皇嗣《こうし》が受け継ぐ「皇位とともに伝わるべき由緒ある物」については、非課税となっている。

なお、先に述べたように、内廷費を「御手元金で宮内庁の経理に属する公金としない」とする点については、**葦津珍彦《あしづうずひこ》＊**が非行政官庁であった宮内省の事務が戦後、行政官庁の宮内府（庁）に移行するにあたって、神事費などを含む内廷費について、宮内府（庁）の一般公金と同じ経理方法を取らないとした点に注

表７　宮内庁関係の経費　予算の推移（単位：万円）

	皇室費			宮内庁費
	内廷費	宮廷費	皇族費	
昭和 25 年	2,800	8,104	341	14,500
昭和 35 年	5,000	41,129	1,350	54,060
昭和 45 年	9,500	168,439	5,229	192,058
昭和 50 年	16,700	187,627	10,251	445,243
昭和 60 年	25,700	249,128	21,098	750,083
平成元年	25,700	450,131	21,901	854,178
平成９年	32,400	609,461	30,653	1,163,980
平成 17 年	32,400	627,783	26,967	1,077,131
平成 28 年	32,400	554,558	22,997	1,093,979

（『宮内庁要覧』平成 28 年度版に基づく）

目し、行政機関の経理法による公金ではなく、国の象徴としての天皇の親裁下にある「皇室の公費」であると説いている。葦津は、それが御手元金の真の意味であるとする。ゆえに、その「皇室の公費」をもって執りおこなわれる皇室祭祀は、まさに「天下の公の祭り」であり、内廷の神事を「陛下の個人的な私事」と解するのは、非礼かつ理義に反すると捉えている（葦津珍彦「皇室典範研究」）。

◆キーワード

＊幣饌料

現在、全国植樹祭や国民体育大会などで天皇・皇后両陛下が行幸啓される際に、行先地の都道府県内の旧官国幣社および旧指定護国神社に対して行幸啓先で侍従長等を通じて下賜され、神社に奉られるお供えのこと。天皇御親《みずか》らが参拝遊ばされる御親拝の折や勅祭社で勅使によって奉られる幣帛料や、葬儀やとくに由緒あって社寺の神前などに奉られるために御下賜遊ばされる供物料たる祭粢料《さいしりょう》とは異なる。

＊葦津珍彦

明治四十二年～平成四年。福岡県出身。筥崎宮の社家である葦津家の出身で父は社寺工務所を創設して神祇官興復運動にて活躍し、政界などにも太いパイプを持った葦津耕次郎。大東亜戦争の敗戦にあたって神社界の未曽有の危機を察知して、吉田茂や宮川宗徳らとともに神社本庁の創立に関わった後に、神社新報社を設立して神社本庁の機関誌である『神社新報』の主筆となる。神社界のオピニオンリーダーとして多数の著書を発刊して昭和から平成にかけて神社界を護持、支援した神道思想家。とくに戦後神道の社会的防衛者として、建国記念日法制化運動をはじめ、神宮の真姿顕現や靖國神社問題など皇室、神宮、神社に関わる諸問題において時代の先を見据える卓越した理論を示して国民運動の基礎理論となった功績は大なるものがあった。主な著書に『葦津珍彦選集』（全三巻）、『国家神道とは何だったか』、『神国の民の心』、『時の流れ』などがある。八十二歳で逝去。

皇室財産

本項では戦前の皇室の経済状況にかかる歴史的経緯を述べておきたい。戦前期の皇室経済、とくに皇室財産についてやや重きを置いて、歴史的な経緯について記してみる。

まず、明治維新以前について皇室財産がいかなる取扱いを受けていたかという点についてである。江戸期の朝廷の収入は、「禁裏拾万石」ともいわれ、山城、丹波、摂津にかかる、①**禁裏御料**＊や②仙洞御料、③**修学院**＊御料、④女院御料、⑤東宮《とうぐう》被進米、⑥その他准后御料、関白御役料、両伝奏御役料など――があった。実際には、幕吏が収納した後に内裏に納めており、喪儀等臨時の費用は幕府が支弁していた。

明治維新後、皇室の経費については一般国費と同じく、明治政府が直轄して経理することとなり、明治二年の政府歳入歳出によれば、皇室の経費は、禁中、皇太后、皇后などあわせて現米十五万石が計上された。同年に宮内省が設置されると、政府は定常額にて金穀を供することとなったが、皇族費は含まれていなかった。その後、四年の廃藩置県や五年の**地券**＊発券に伴う土地所有権の是認、六年の地租改正などがあり、宮内省費は五十万円から九十万円まで漸次増額されていくこととなった。

明治九年になり、政府は皇室にかかる費用として「帝室費（御手元用御用度費）」と「皇族費（各宮家と明治天皇生母の二位局など）」とを宮内省費と区別し、帝室及び皇族費は、その費用の使途の詳細を問うべからざるものとした。実際に費用は大蔵省より交付され、その経済は、宮内省に専任し、受払い決算を証明するに止まることとなった。その後、西南戦争後の**松方デフレ＊**の中、国の諸経費が圧縮されていく一方、宮内省費とともに皇室の経費（帝室費および皇族費）は増加するに至った。

明治十六年に至って、帝室費と皇族費と宮内省費とを合一して帝室費と称することとなり、十八年に太政官制が廃止されて、内閣制度が施行されると、政府（府中）と皇室（宮中）との区分を明確にすることとなった。皇室にかかる財政のあり方も翌十九年からは、臨時の経費を除き、年ごとの経常費については、国庫より常額を渡し切りとして宮内省へ移すこととなり、宮内省会計の決算は政府に証明することを要しないとされた（常額は明治二十年度に二百五十万円と規定。以後常額の変動があり、四十三年度以降は四百五十万円）。

この点をみれば、宮内省が宮中という「公」の職務を取り扱いながらも、戦前期には府中と宮中との別という原則に立ち、非行政官庁であったという点が明らかであろう。

次に財産という点で、戦前期の皇室が所有する土地についてであるが、明治維新後に旧幕領、藩領などは没収、奉還などの結果、政府の所有となったが、維新当初は、官有、民有、皇室有という区別は曖昧であった。明治六年に太政官布告第百十四号「地所名称区別」、翌七年に太政官布告第百二十号「改正地所名称区別」が布告されたものの、皇室有と官有との区別は明瞭ではなく、「改正地所名称区別」で示された官有地の四種の区分のうち、第一種中に「皇宮地皇居離宮等ヲ云」として区別されている。

その後、徐々に皇室の所有地という概念が生じて、皇宮地、離宮、御用地といった土地の地目が民部省（のちに内務省）備付皇宮地台帳へと記載され、宮内省所管となり皇室の財産とされるようになった。なお、この皇宮地台帳に最初に記載されたのは明治五年の赤坂区元赤坂の十七万坪（現在の東宮御所や各宮邸にあたる用地）であり、のちに、京都御所や新宿御苑、浜離宮などが皇宮用地として編入記載されている。

明治十八年に宮内省に御料局、政府に官有財産調査委員会が設置されるが、内閣制度の発足とも相俟って、政府の所有する官有という概念と、宮内省（皇室）の所有する皇室の所有地という考え方が定まるに至った。皇室の所有地の主なものとしては、皇居、吹上御苑、赤坂離宮、浜離宮、芝離宮、桂離宮、京都御所、札幌各御用地、岩瀬御用地と農商務省より移管された新冠牧馬場、高堀種畜場などである。

また、土地以外にも国が所有する物件や株券などが皇室財産へと編入されることがあった。その第一段としては、明治十七年に日本銀行、横浜正金銀行の株の移管があり、その後、二十二年に佐渡金山、生野銀山の移管がなされ、さらに二十二年から二十三年にかけて東日本の道府県を中心に約三百五十万町歩に至る国有山林原野が皇室財産に編入されている。

なお、御料局は明治四十一年に帝室林野管理局、大正十三年に帝室林野局と改称され、終戦を迎える。

明治二十二年に明治憲法および明治皇室典範が制定された際には、明治皇室典範の第四十五・四十六条にて「世伝《せでん》御料《ごりょう》」の制が定められたほか、第四十八条において「皇室経費ノ予算決算検査及其ノ他ノ規則ハ皇室会計法ノ定ムル所ニ依ル」とされた。この時点では、二十一年に帝室会計法が制定されたものの、皇室会計法は制定されていなかった。

その後、明治二十四年に皇室会計法、皇室会計条規が制定施行されたが、その中で「世伝御料」については、御料財産の一部を皇位に属して永く伝えるものとした。また、この世伝御料は二十三年十一月二十七日に枢密顧問の諮詢を経て、勅定《ちょくじょう》あらせられたもので、翌二十八日に宮内省によって公示され、宮城、青山御所、芝離宮、浜離宮、京都御所、二条離宮、桂離宮、修学院離宮、箱根離宮、高輪御料地、上野御料地、南豊島御料地、度会御料地、富士御料地などが皇室財産として指定されることとなった。

皇室財産のうち、御料林の維持経営が問題となることもあったが、この制が終戦時まで続くこととなった。また、明治四十三年に皇室財産令が公布されており、皇室会計法についても、四十五年七月に廃止されたが、新たに皇室会計令が施行されることとなり、御資会計、通常会計、特別会計へと区分されることとなった。

戦前の皇室財産では、農地や山林地の経営の問題、企業株式の所有の問題も大きく影響したが、終戦当時の三井財閥が所有していた有価証券が三億九千万円、岩崎（三菱）が一億七千五百万円、住友が三億一千五百万円であり、当時の皇室が有していた所有有価証券が三億三千万円であったことと比較しても、皇室財産がいかに潤沢であったかが分かる。

かかる経緯もあり、戦後、ＧＨＱによって皇室財産の解体が天皇の実権および皇室制度を支える経済的基礎を崩壊させるものと捉えられ、強硬に推し進められた。例えば、昭和二十年九月二十二日の「降伏後ニ於ケル米国ノ初期対日方針」では、皇室財産について「皇室の財産は占領の諸目的達成に必要な措置から免除せられることはない」とされた。

こうした経緯とも相俟って、現行の日本国憲法の第八十八条では、「すべて皇室財産は、国に属する。すべて皇室の費用は、予算に計上して国会の議決を経なければならない」とされるに至り、皇室にかかる財産が大幅に解体、制限されるに至った。

現行の皇室経済法においては第二条で国会の議決を要せず、皇室に財産を譲り渡し、または皇室が財産

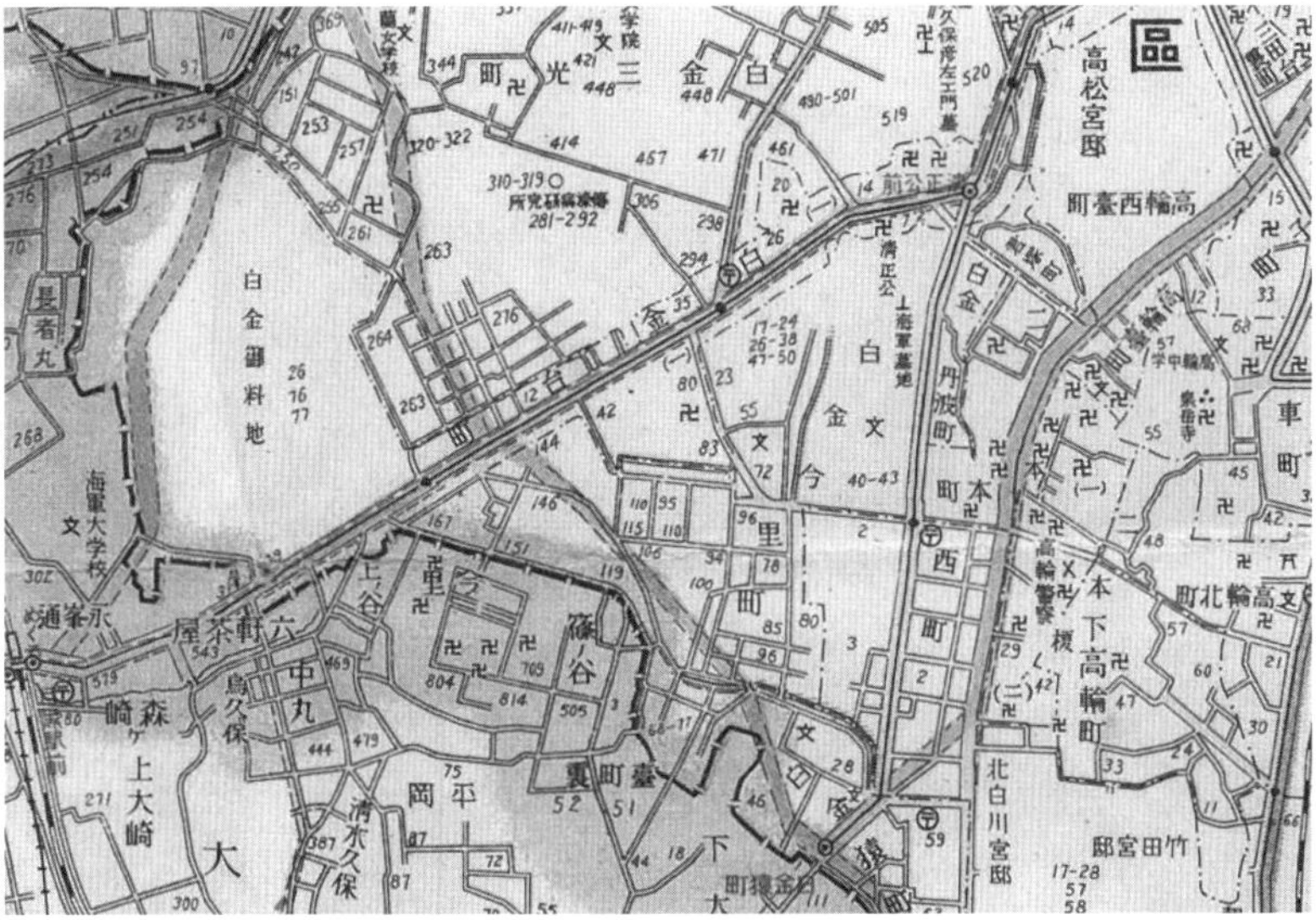

御料地や宮邸を示した地図（昭和５年）。現在の東京都品川区・港区あたり

を譲り受け、もしくは賜与することのできる場合を定めている。そのうちの一つに「毎年四月一日から翌年三月三十一日までの期間内に、皇室がなす賜与又は譲受に係る財産の価額が、別に法律で定める一定価額に達するに至るまでの場合」とある。

この点について、施行細則を定めている皇室経済法施行法では、第二条で、天皇及び皇后、皇太后、皇太子、皇太子妃、皇太孫、皇太孫妃および内廷にあるその他の皇族は、賜与の価額は千八百万円、譲受の金額は六百万円とされ、それ以外の皇族は、百六十万円と定めている。

なお、皇室の不動産などについては、国有財産法に定められており、皇室用財産は行政財産とされている。また、皇室経済法第七条には「皇位とともに伝わるべき由緒ある物は、皇位とともに、皇嗣《こうし》が、これを受ける」とあり、三種の神器などが該当するが、この点については、本書三十四頁の「三種の神器」の項にて解説しているので併せて御覧いただきたい。

◆キーワード

＊禁裏御料

禁裏とは天皇の常在する住居（皇居）のこと。「禁中」の漢語的表現で、内裏や雲井、禁廷、大内山など、宮中のことを意味する古来の呼称の一つ。なお「禁中」は皇居の古語的表現にあたる。御料とは、「天皇陛下の御用に供する」という意味で「御料車」といった天皇、皇室のために必要な物品や土地など、広い意味で皇室財産を指す語として用いられている。

＊修学院

京都市左京区の比叡山麓にある修学院離宮のこと。もともとは佐伯播磨守公行が僧勝算に帰依《きえ》し堂宇を建立して修学院と名付けた地であったが、その地に江戸期の承応年間（十七世紀中頃）に後水尾上皇の御心を慰め奉らんために江戸幕府が造営した別荘である。明治初年に京都府の管理となった後、明治十七年に宮内省に移管されて修学院離宮と称するようになった。上御茶屋、中御茶屋、下御茶屋の三カ所からなる日本庭園は、借景を取り入れた名園である。

＊地券

明治五年の地租改正に伴い、政府が土地を所有する者に公布した土地所有権を証明した証券のこと。これにより税金（地租）が賦課されたが、土地台帳が整備されたことに伴って同二十二年に廃止。

＊松方デフレ

西南戦争の戦費調達のために政府が不換紙幣を乱発していたことによって発生したインフレーションに対して政府の財政責任者である大蔵卿の大隈重信は外債を発行することで不換紙幣を回収しようとする積極財政にて解決しようとした。しかし、明治十四年の政変にて大隈が下野した直後に大蔵卿に就任した松方正義が日本銀行の設立や緊縮財政の実施によって紙幣発行量を縮小させ、デフレーション誘導の財政政策をおこなったことで、米や繭などの農産物の価格が下落して経済不況となった経済事象のこと。

宮務法と皇室関係法令

皇室に関する諸事項を規定している現行の皇室典範は、日本国憲法下の一法律とされているが、明治期に制定された旧皇室典範は、大日本帝国憲法と対等な形式的効力をもつ最高法典として考えられていたことが知られている。

帝国憲法の条文の前に記された「告文」には「皇祖皇宗ノ遺訓ヲ明徴ニシ典憲ヲ成立シ条章ヲ昭示シ内ハ以テ子孫ノ率由スル所ト為シ外ハ以テ臣民翼賛ノ道ヲ広メ永遠ニ遵行セシメ益々国家ノ丕基ヲ鞏固ニシ八洲民生ノ慶福ヲ増進スヘシ茲ニ皇室典範及憲法ヲ制定ス」とあり、ここに旧皇室典範、大日本帝国憲法の制定意図を窺い知ることができる。

とくに、旧典範について戦前期は、「皇室の家法」（伊藤博文『皇室典範義解』）とも考えられており、典範に起源した皇室に関わる諸法令は宮務法として理解され、一般には皇室法とも称されていた。

宮務法とは、帝国憲法を根源とする各種の一般法令の総称である国務法に対した呼称であり（酒巻芳男『皇室制度講話』）、帝国議会が介入する国務法とは異なる法体系とされ、皇室にかかる法令と行政法令とでは便宜上の区分がなされていた。一例を挙げると、戦前の宮内省は、皇室自律主義の下で宮務に関わる事務のみを担当する機関であり、公の事務を掌りつつも政府内の一般行政省庁とは、明確に異なる非行政官庁であった。

宮務法と国務法を二系統の法体系として理解し、宮中と府中、宮務と国務とを判然区別する考え方（酒巻前掲書）もあるが、そもそも旧典範と帝国憲法の制定以前は、宮務、国務のあり方が判然としていなかった。そのため、旧典範をはじめとする皇室関係法令も含めて、宮務も国務も等しく天皇が国の元首たる地位において総攬したまう「国務法」と考える向きもあった（有賀長雄「国家ト宮中トノ関係」、美濃部達吉『憲法撮要』、野尻一郎『皇室の儀制と敬語』など）。

そこで今回は、戦前の旧典範を中心とする宮務法について、また、戦後新たに制定された現行の典範をはじめとする皇室関係法令について大要を述べておく。

宮務法には、①皇室典範、②皇室令、③宮内省令、④宮内省通達・訓令・告示という四種類がある。このうち、①の皇室典範、②の皇室令については、『神社新報』第三三三五号（平成二十九年一月一日発行）所収の「皇室典範の戦前と戦後」にて詳細に述べられているが、本書でもその概要について少し触れておきたい。

まず、①の皇室典範は、国家の根本をなす法でもあり、いわゆる宮務法の根源ともいうべき法典である。旧典範では、皇位継承をはじめ、摂政、践祚《せんそ》、即位、皇族、世伝御料、皇室経費、**皇族会議**＊など、天皇および皇族と国家の統治に関係ある重要な事項の大要が定められていた。

次に②の皇室令とは、旧典範第六十二条に基づいて制定された皇室祭祀令や登極令《とうきょくれい》、皇族身位令、皇室財産令といった諸規則や、宮内省官制など皇室事務に関しての制令であり、公式令第五条により勅定《ちょくじょう》を経て、**上諭《じょうゆ》**＊を附して公布された。なお、ここでいう上諭とは、法令の冒頭に付された天皇の**裁可**＊を示す文章のことである。

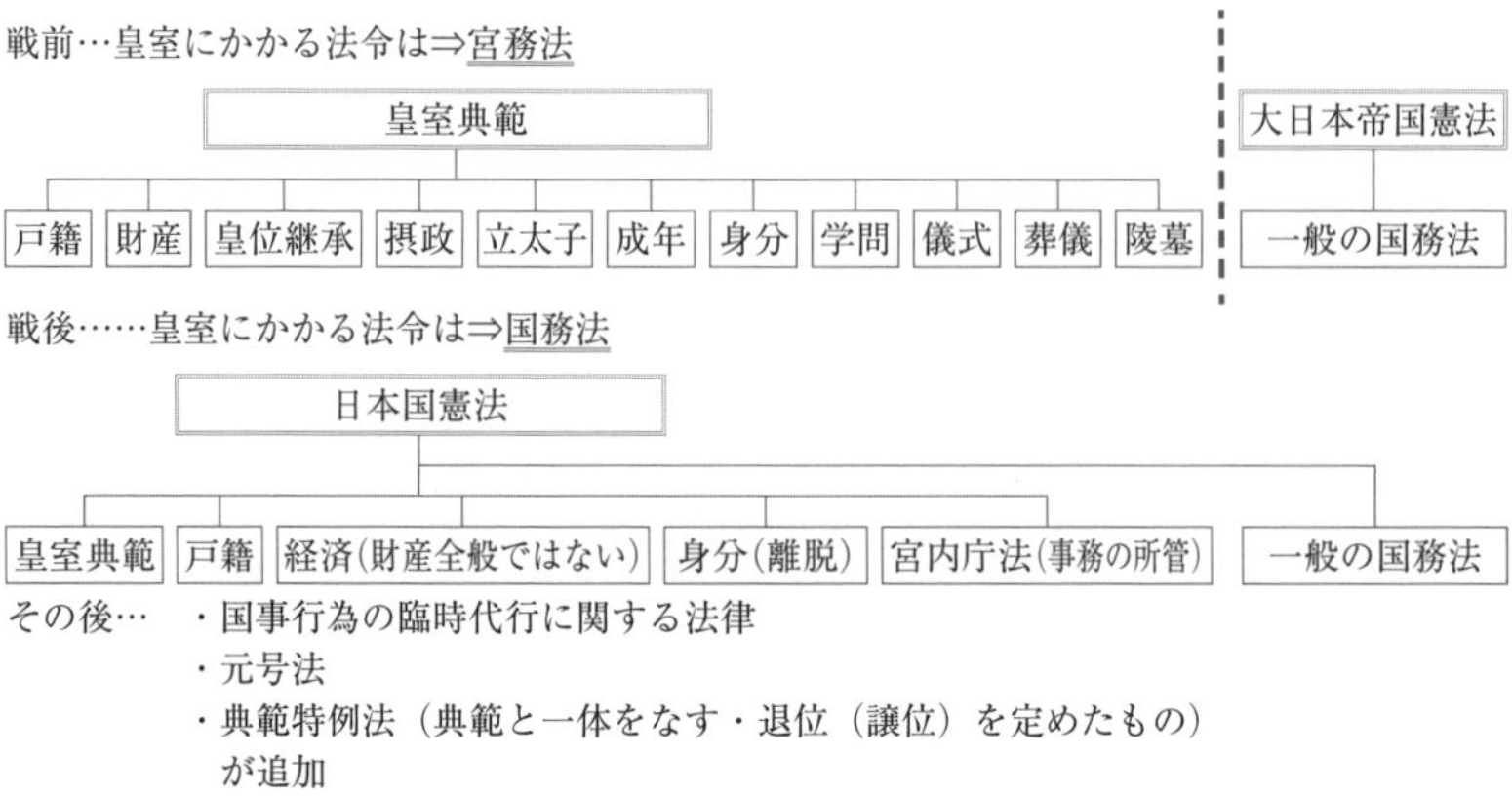

図3　戦前・戦後の皇室関係法令比較図

同じく公式令第五条で皇室令の上諭については、天皇**親署＊**の後、御璽《ぎょじ》を捺し、宮内大臣が年月日を記入しこれに副署すると定められ、国務大臣の職務に関連する皇室令の上諭の場合には、内閣総理大臣や主務大臣がこれに副署するとされた。皇族会議や**枢密顧問＊**に諮詢したものについては、上諭にその旨を記載することとなっていた。

③の宮内省令については、皇室令を以て公布される宮内省官制により、宮内大臣がその主管事項に関して発する命令のことを指す。省令の形式として、**勅裁＊**を経て定められる宮内省令と、勅裁を経ずに宮内大臣の専決によって発せられる省令とに分けられる。制定にあたり省令の規定内容で国務大臣の所管、職務に関連するものについては、内閣総理大臣や主務大臣と協定を経ることとなっていた。

最後に④の宮内省通達・訓令・告示についてであるが、通達と訓令は皇室行政組織の内部事項、行政監督に関する規定で、勅裁を経たものが通達、宮内大臣限りで制定したものが訓令である。通達および訓令は原則として公布されないが、一般に知らしめることが適当とされるものは官報にて公示された。

表８　皇室典範の新旧比較（『神社新報』3335号の表をもとに構成）

	旧	新
位置づけ	＊帝国憲法と対等の法典	＊日本国憲法に基づく法律
	＊天皇が制定	＊国会が制定
	＊帝国議会の関与不可	＊国会の関与可能
	＊皇族会議と枢密顧問の諮詢により改正	＊国会の過半数の賛成を得れば改正可能
構成	＊十二章六十二条	＊五章三十七条
	①皇位継承、②践祚即位、③成年立后立太子、④敬称、⑤摂政、⑥太傅、⑦皇族、⑧世伝御料、⑨皇室経費、⑩皇族訴訟懲戒、⑪皇族会議、⑫補則	①皇位継承、②皇族、③摂政、④成年・敬称・即位の礼、⑤皇室会議
相違点	＊皇位継承資格者に庶系を含む	＊皇位継承資格者から庶系を除外
	＊親王および内親王とする皇族の範囲は四世。五世以下は王および女王	＊親王および内親王とする皇族の範囲は二世。三世以下は王および女王
	＊天皇・皇族の婚姻の対象を皇族か特定の華族に限定	＊天皇・皇族の婚姻の対象に関する制限なし
	＊皇位継承に伴う神器の継承・大嘗祭・元号制定に関する規定あり	＊皇位継承に伴う神器の継承・大嘗祭・元号制定に関する規定なし
	＊皇室財産・経費に関する規定あり	＊皇室財産・経費の規定を皇室経済法に譲る
その他	＊制定過程約15年（明治８年～22年）	＊制定過程約半年(昭和21年７月～22年１月)
	＊皇室に関する諸規則（皇室令）が整備	＊皇室関係法令は、「皇統譜令」（政令)、「宮内庁法」「国事行為の臨時代行に関する法律」「元号法」など僅か

　また、告示については、皇子や内親王の誕生、陵墓地の設定や名称などを一般に公示する必要のある際に、宮内省告示の形式を以て官報に登載された。その際、とくに重要な事項については、皇室令、宮内省令にて公告すべき旨を規定していた。

　現行の皇室典範については、戦前期の区分で考えるならば国務法の一部となる。前述の通り、戦前は旧典範を頂点に、諸種の宮務法が定められており、戸籍、財産、皇位継承、摂政、立太子《りったいし》、成年、身分、学問、儀式、喪儀、陵墓など網羅的に天皇及び皇族、皇室の役務や儀式、日常生活等にかかる法令が整備されていた（皇室令については百二十九頁の附表を参照）のに対して、戦後は最低限の法整備しかなされていない。

　すなわち戦後、現行典範以外では、皇室経済法とその施行法、宮内庁法、皇統譜《こうとうふ》令（政令）、「皇族の身分を離れた者及び皇族となった者の戸籍に関する法律」という五本の法令が終戦間もなくして制定された。また、現行の典範自体、天皇の皇位の源泉ともいうべき三種の神器の継承や、即位礼と大嘗祭、元号に関わる条文など旧典範にはあった規定が削除されており、税務関係の問題は所得税法や相続税法など、訴訟問題は刑法等の一般法規に委ねられている。

つまり、現行の皇室関係法令で定められているのは、天皇および皇族の戸籍と経済面、所管役所とその事務の所掌に限られている。昭和二十七年四月二十八日にサンフランシスコ講和条約が発効し、日本の独立が恢復したのちにも、三十九年五月二十日に公布施行された「国事行為の臨時代行に関する法律」と、五十四年六月十二日に公布施行された「元号法」の二本の法律が追加整備されたに過ぎない。なお、元号法については、明治維新百年にあたる昭和四十三年以降、神社界をはじめとする国民運動によって制定に至ったものであることは周知の通りである。

皇室関係の法令はかかる現状にあるため、戦後約七十年に亙り宮内庁の事務取扱いとして、新たに法令が定められたものはその法令に基づいて処理されるが、法令が定められていないものについては、戦後に失効した諸々の旧皇室令に準拠して従前の例に倣って業務が遂行されている（本項末尾の参考資料を参照）。独立が恢復したのち、早期に皇室関係法令の整備が進んでいれば、このような事務対応とはならなかったであろう。

現在に至るまで、典範以外では前述の七本の法令（ただし今般の譲位にかかる特例法を除く）しか整備されていない状況は、今上陛下の即位礼、大嘗祭などの斎行後に東京、大分、鹿児島などで知事の参列をめぐっての訴訟が起きたことにも象徴されるように、法の不備を狙った訴訟提起に繋がるおそれもある。

このことは、行政・立法府が七十年に亙り立法措置なく放置した問題が、そのまま制度上の重大な不備として露呈したものであるともいえよう。

また、皇族に関する重要事項を審議する機関として、現在、皇室会議の設置が典範に定められているものの、審議事項は、皇位継承順位や摂政の設置・廃止と順序変更、皇族の婚姻と皇籍離脱に限られており、皇室会議の構成員中、皇族は二方のみ（成年皇族からの互選）である。ゆえに、天皇陛下の御意志はそもそも反映されにくい上に、皇室を構成する皇族そのものが典範の改正に何ら口を出せないという状況にある。

現行典範の改正は、国会の権限であるが、典範や関係法令そのものの見直しを考える上では、典範を中心とした皇室法の体系そのものの見直しとともに、皇室会議のあり方も大事な問題であるといえよう。

（参　考）

皇室令及び附属法令廃止に伴い事務取扱いに関する通牒

（昭和二十二年五月三日　宮内府長官官房文書課発第四十五号）

皇室令及び附属法令は五月二日限り、廃止せられることになったについては、事務は概ね、左記により取り扱うことになったから、命によって通牒する。

記

一、新法令ができているものは、当然夫々その条項によること（例、皇室典範、宮内府法、宮内府法施行令、皇室経済法、皇室経済法の施行に関する法律、皇統譜令等）。

二、政府部内一般に適用する法令は、当然これを適用すること（例、官吏任用叙級令、官吏俸給令等）

三、従前の規定が廃止となり、新らしい規定ができていないものは、従前の例に準じて、事務を処理すること（例、皇室諸制式の附式、皇族の班位等）。

四、前項の場合において、従前の例によれないものは、当分の内の案を立て丶、伺いをした上、事務を処理すること（例、宮中席次等）。

五、部内限りの諸規則で、特別の事情がないものは、新規則ができるまで、従来の規則に準じて、事務を処理すること。特別の事情のあるものは、前項に準じて処理すること（例、委任規程、非常火災処務規程等）。

◆キーワード

＊皇族会議

皇族会議は、明治皇室典範の第五十五条の規定に基づき、成年以上の皇族男子をもって組織され、「内大臣、枢密院議長、宮内大臣、内大臣、司法大臣、大審院長ヲ以テ参列セシム」とされた。同典範第五十六条には、「天皇ハ皇族会議ニ親臨シ又ハ皇族中の一員ニ命シテ議長タラシム」とされたが、具体的な会議運営は皇族会議令にて規定されていた。皇族会議が開かれた事例としては、大正十年十一月二十五日の摂政設置に関する議事が著名であり、その他の主な議事としては、皇族就学令の修正提案、皇族親族令改正、皇族陵墓令案についての議事や邦久王、藤麿王、邦英王、博英王らの臣籍降下にかかる議事などがあった。また、昭和二十二年五月一日に「皇室典範及皇室典範増補の廃止および皇室令及び附属法令廃止の件」が発せられたことに伴い、同二十二年五月二日にて皇室会議は廃止となった。なお、内閣総理大臣が議長となって皇位継承や婚姻などについても決すべき事項に掲げている現行典範の皇室会議とは、構成員や議事の対象とする内容、権限などの点でやや異なる。

＊上諭

天皇が臣下に諭した文書のことを指す。大日本帝国憲法の下では、勅令、法律、条約、予算などを公布する際、条文の冒頭に天皇の裁可があったことを示すために付した語のことをいう。例えば登極令には、「朕枢密顧問ノ諮詢ヲ経テ登極令ヲ裁可シ茲ニ之ヲ公布セシム」との上諭が付されている。

＊裁可

天皇が判断して許可することで、大日本帝国憲法の下では、第六条に天皇が帝国議会の議決した法律案などを承認し、確定する行為を裁可と称し、天皇の裁可により正式に法律が成立した。

＊親署

天皇が御親《みずか》ら御署名遊ばされること。

＊枢密顧問

天皇の諮問機関である枢密院に置かれた官名。枢密顧問官のこと。大日本帝国憲法第五十六条に規定された枢密院は天皇の要請を受けて重要な国務に関し審議をおこなうとされており、「枢府」とも呼ばれた。枢密院では、二十人余からなる四十歳以上の元勲練達の者、つまり元老や内閣総理大臣、閣僚経験者らが枢密顧問官に就任していた（なお、国務大臣も顧問官となった）。また、枢密顧問官は親任官であった。枢密院には議長、副議長が置かれ、議長には伊藤博文や山縣有朋、西園寺公望、平沼騏一郎、近衛文磨ら総理経験者が就任することが多かった。議長は「枢相」とも称され、重臣の一つ。また、枢密院は憲法の改正や皇室典範、皇室令、緊急勅令、戒厳、条約の締結などにかかる事項を取り扱う最高諮問機関であったことから、藩閥政治の時代から政党政治の時代に移っても国政に強い影響力を有した。

＊勅裁

天皇の裁断のこと。大日本帝国憲法の下では、天皇が他の機関の参与を待つことなく親ら判断遊ばされること。

宮内庁の組織と沿革

現行の宮内庁の組織の歴史を遡ると、千三百年以上も前の大宝元年（七〇一）の大宝令で定められた**官制**＊にて神祇官や、**太政官**＊の中務省《なかつかさしょう》（中宮職等）、式部省、治部省《じぶしょう》（雅楽寮・諸陵司等）、宮内省、春宮坊《とうぐうぼう》など、現在の宮内庁や戦前期の宮内省が所管する役務を担当する組織が見られる。

現在の宮内庁の組織の沿革を語る上では、明治二年の職員令にて太政官の下に宮内省が設置されたことが一つの転機であり、そのトップとなったのが宮内卿である。これは、前年の慶応四年（一八六八）閏四月に出された政体書にて行政官が宮中の庶務を管掌するとされていることに由来するものである。

明治十八年十二月二十二日太政官布告第六十九号にて太政官制度が廃止され、内閣制度が発足するにあたっては、内閣総理大臣以下、各省に大臣が置かれたが、宮内大臣は内閣に属さないものとされた。翌十九年に宮内省官制（宮内省達）が施行、宮内大臣は「帝室の事務を総判」するものとされ、宮内省の組織基盤が整備されたことに加えて、二十二年に大日本帝国憲法が発布されるとともに、宮務法としての皇室典範が制定される。

これによって皇室自律の原則が確立し、宮内省は国務と宮務との区別から、一般の行政から外に立つものとされ、ここで宮中（皇室）と府中（政府）との区別が確立することとなった。その後、四十一年には、改めて皇室令による宮内省官制が施行され、以後、昭和二十二年五月に廃止されるまでの四十年余、宮内

表9　戦前期の宮内省の組織

（内局）

部局	大臣官房	侍従職	式部職	宗秩寮	諸陵寮	図書寮	侍医寮	大膳寮	内蔵寮	内匠寮	主馬寮	総務局	警衛局
職務	統括	側近	式典交際狩猟雅楽	皇族・華族叙位	陵墓	皇統譜・文書	診療	飲食	会計用度	建築施設	馬車馬匹自動車	庶務	警備

（外局）

部局	内大臣府	掌典職	皇后宮職	東宮職	皇太后宮職	帝室会計審査局	御歌所	帝室博物館	正倉院管理署	帝室林野局	学習院	女子学習院	李王職
職務		祭祀				監査	和歌	博物		森林管理	皇族教育	皇族女子教育	

（地方機関）
京都地方事務所

大臣は皇室一切の事務につき天皇を輔弼《ほひつ》＊する機関として規定されていた。

なお、宮内省以外にも明治十八年には内大臣府が設置され、天皇の常侍輔弼（常侍は常に側近で仕え奉ること）にあたる官職として内大臣の官職があったが、内大臣は国務について輔弼する各省の長たる国務大臣とは異なり、御璽、国璽の尚蔵や詔書《しょうしょ》、勅書、内廷の文書事務を所掌したほか、木戸幸一内大臣時代には重臣会議の主宰なども担っていた。すなわち宮中と府中との連絡役かつ、天皇の最側近の役職として存在したが、同府が終戦後の昭和二十年十一月に廃止されるとともに内大臣も廃官となった。

宮内省も終戦に伴い、ＧＨＱよりその規模の縮小を求められ、帝室林野局を農林水産省へ、帝室博物館を文部省へ、皇宮警察を警察庁へ、学習院を財団法人（現在は学校法人）へとそれぞれ移管させられた。

昭和二十二年五月の日本国憲法施行に伴い、皇室令も廃され、宮内省は内閣総理大臣の所管する機関である宮内府へと衣替えすることとなり、職員の定員は、千四百五十二人と宮内省時代の四分の一とされ、部局も皇后宮職が廃止されるなど、大きく縮小するに至った。宮内府発足の折、宮内省の外局であった掌典職は、行政機関には属さない内廷の職の取扱いとなっている。

その宮内府も、ＧＨＱによる組織縮小要求に伴い、部課の縮小と人員の

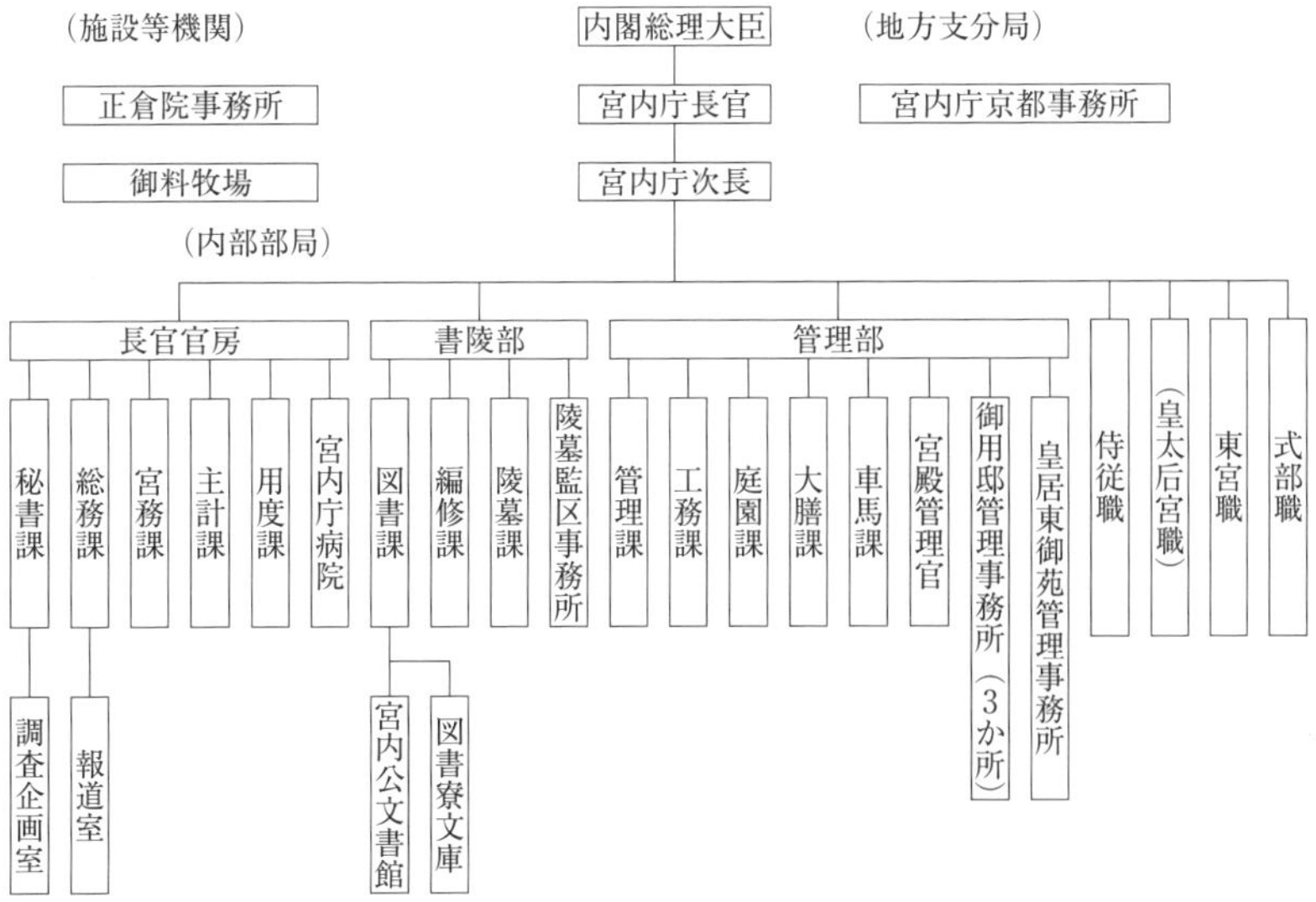

図４　宮内庁の組織図

削減がなされることとなる。昭和二十四年六月の総理府設置法の施行により、総理府の外局としての宮内庁として再整備されるに至り、職員の定員も九百六十人余とされ、内蔵寮《くらりょう》や主殿寮《しゅでんりょう》も廃止されることとなった。

　宮内庁は、長官のもと、次長、長官官房、侍従職、皇太后宮職（のちに廃止）、東宮《とうぐう》職、式部職、書陵部、管理部、京都事務所などと改編し、これが原型となって現在の組織機構に至っている。また平成十三年一月の内閣府設置法の施行により、宮内庁は、現在、内閣府に置かれている。

　現在の宮内庁は、宮内庁法（昭和二十二年法律第七十号、もとは宮内府法。二十四年六月の総理府外局への移行に伴ひ現法律名となる）の第一条二項に「皇室関係の国家事務及び政令で定める天皇の国事に関する行為に係る事務をつかさどり、御璽国璽を保管する」こととなっている。

　同法第八条により、宮内庁長官の任免は、天皇によって認証され、長官は庁務の全体を統括し、職員の服務を統督するものと定められている。また、長官が宮内庁所掌の事務を遂行するために必要があると認める時には、皇宮警察の事務について警察庁長官に所要の措置を求めることができるとされている。

◆キーワード

＊官制

行政機関の設置、廃止、名称、組織および権限などについての規定。

＊太政官

律令制のもとで、諸国を総管して国政を統括した最高機関で、左大臣、右大臣などが置かれた。明治期にも内閣制度が敷かれるまでは同名の官が置かれていた。

＊輔弼

天皇の政治を助けること。具体的にいえば、明治の帝国憲法下では、天皇の行為としてなされることについて、進言、採納を奏請し全責任を負うことである。国務上の輔弼については国務大臣、宮務上は宮内大臣および内大臣、統帥上は参謀総長および軍令部総長の職責として輔弼するものと定められていた。

海外王室の王位継承

欧州や東南アジア、中東アラブ諸国をはじめとする海外の王室制度については、歴史や文化も異なるため、そのまま日本の皇室と比較することはできない。しかしながら、それぞれの王位継承事情について述べておくことも今後の皇室、天皇のあり方を考える場合に参考となろう。ゆえに海外における譲位（退位）の事例を中心にした王位継承の事情について少し述べてみたい。

欧州には、在位六十五年を超え、イギリス史上で最長在位の君主である女王エリザベス二世をはじめとして、ノルウェー、スウェーデンなど現在でも君主制をとる国々が存在する。その中でここ十数年の間にオランダ、ベルギー、スペインなどで国王退位の事例がある。

オランダでは、明治二十三年に即位したウィルヘルミナ女王以降、平成二十五年に現国王が即位するまでの三代、百二十三年に亙る女王の治世が続いていたが、前国王のベアトリックス女王の時代には、王室スキャンダルが国内を賑わすような状況にあったことが知られている。同国では国王の主たる権能として、憲法上、国王は大臣とともに政府を構成するが、実際には助言と同意のみと考えられている。しかし、議会構成によっては政府の組閣に一定の役割を果たす場合もある。

このほか、ベルギーのように憲法条文で国民主権を明文化する一方、同じく憲法で「国王は不可侵である」とし、「国王は君臨しかつ大臣とともに統治する」ものとして、世襲である国王の権能を憲法及び法律で付与している例もある。その権能はひじょうに強いものとされており、欧州各国の王室の権能と王位継承事情は、一様ではない。

近年の王位継承の事例としては、平成二十六年六月十九日に七十六歳で高齢・健康上の理由にて退位し、四十六歳のフェリペ六世に王位を譲ったスペイン国王ファン・カルロス一世の例がある。カルロス一世は即位の折にも王位継承者とする特別法が制定されたが、譲位の際にも特別法を制定することによって譲位がなされている。特別法には、高齢のほか、皇太子に王位継承の準備ができたとの理由にて、「退位によって安定的な王位継承に資する」との旨が条文に明記された。

同様の事例として、イギリスにて昭和十一年十二月十一日にエドワード八世（エリザベス女王の伯父でジョージ六世の兄）が未戴冠のまま、離婚歴のある米国人女性ウォリスとの結婚のため自らの意志にて四十二歳で退位し、ジョージ六世（エリザベス女王の父）が即位している。退位の際には国王の退位宣言への効力付与などを定めた法律が制定されている。

次いで、憲法・法律に基づく退位としては、オランダで平成二十五年四月三十日に七十五歳のベアトリックス女王が四十六歳の皇太子ウィレム・アレキサンダーに譲位した例がある。オランダでは、男子優先で王位が継承されていたが、昭和五十八年の憲法改正により男女の区別なく、最長子が第一に王位を継承することとなっている。

オランダのような憲法・法律に基づいて退位した例として他にも、中東のヨルダンが挙げられる。昭和二十七年に四十三歳のタラール一世が長男のフセイン一世に譲位しているが、当時フセイン一世は、十六歳で法定年齢に達していなかったため、王位は継承したものの正式に国王に就任したのは翌年のことである。

また、とくに憲法や法律の規定に基づかずに退位した事例として、欧州ではベルギーで平成二十五年七月二十一日、七十九歳のアルベール二世が息子で五十三歳のフィリップ王子に譲位した例がある。アルベール国王は、退位を控えた七月三日のベルギー建国記念日に、テレビ演説にて高齢や健康状態を理由に譲位の意向を表明し、譲位することとなったが、この譲位は、父のレオポルド三世以来で、ベルギーでは二例目にあたる。

同国では、平成二年のボードワン国王時代に人工妊娠中絶を合法化する法案への署名拒否問題で一時的に国王が退位したことでも知られるように、たびたび王政存続の危機にさらされてきた経緯がある。国王の権限が強いこともあったが、この折は憲法の規定に基づいて内閣が国王の権限を代行することで法律が制定されている。この問題の処理過程で、議会では立憲君主制から共和制へ移行すべきとの議論も出されるようになった。

さらに同国では、平成三年六月の憲法改正によって王位継承資格が従来の男系男子から、男女にかかわりなく第一子を継承資格の第一位とすることと改められている。その二年後にアルベール二世が即位した後、十三年に王位継承資格第一位であるフィリップ王子（現国王）に長女エリザベート王女が誕生しているが、この場合、エリザベート王女が王位継承資格第二位となる。

同様に、憲法や法律の規定に基づかない譲位の事例として、近年では、南アジアのブータンでも平成十八年十二月十四日に第四代国王、ジグメ・シンゲ・ワンチュクが五十一歳で退位し、第三王妃との長男である王子のジグミ・ケサル・ナムギャル・ワンチュクが二十六歳で即位している。

第四代のワンチュク国王の譲位は、平成十七年に譲位の意向を示していたことによるものである。現在のワンチュク国王は、若き精悍な国王として夫妻で平成二十三年に来日したこともあって、記憶に新しい読者も多いことと思う。

なお、退位に関してではないが、欧州における王位継承にかかわる制度変更の事情として、ノルウェーでは憲法上、かつては直系男子が王位を継承するものとされていた。しかしながら、平成二年五月の憲法改正により、男女の区別無く直系の第一子に優先的に王位継承権が認められるよう変更されている。また、同国では胎児にも王位継承資格が認められている点は他の欧州諸国と異なるものである。

隣国のスウェーデンでも、昭和五十四年の王位継承法の改正で男女の区別無く、直系の第一子に優先的に王位継承権が認められることとなった。同国では、その四年前におこなわれた憲法改正によって、長年採られてきた議会君主制から象徴君主制へと改められ、国王は政治的権限を一切有さず、儀礼的権能を果たすのみの象徴的存在となったと考えられている。また、王位継承についてもイギリスのように、「原則(理論)」よりも「運用」に重きを置いてきたと解釈されている。

近年の欧州をはじめとする各国における譲位などの王位継承の事情をみると、いずれも王室制度の維持に重きを置いているという点では共通している。これらの事情を併せて考えると、欧州では、法的な運用面も含めて君主制の役割をいかに考えるかが、王位継承の制度上も問われ続けてきたというのが実情といえよう。

海外の王位継承の実情は、参考とすべき点もあろう。しかしながら、欧州では王室そのものに断絶と交替が繰り返された経緯などもあり、百二十五代に亙って男系男子による継承を基本としてきたわが国の皇室制度とは、事情が異なる面も多い。

近年の海外王室の現状だけを取り上げて、日本における現行皇室制度の改正の議論の俎上に載せることは、わが国の皇位継承の本質、意義を見失うことにもなりかねない。ゆえにわが国の皇室の伝統の改変にも繋がりかねない危険性を孕むという点では、参考とすべき点はあるものの、安易に海外事情との比較によって皇室制度にかかる議論を進めることがあってはならないものと思料する。

附表・参考資料

附表 旧皇室典範のもと制定された主な皇室令の一覧

明治 40 年（16）	皇族会議令（第一号）
	華族令（第二号）
	宮内省官制（第三号）
	内大臣府官制（第四号）
	皇后宮職官制（第五号）
	東宮職官制（第六号）
	皇族附職員官制（第七号）
	帝室会計審査局官制（第八号）
	帝室林野管理局官制（第九号）
	御歌所官制（第十号）
	帝室博物館官制（第十一号）
	帝室林野管理局臨時職員官制（第十二号）
	宮内官官等俸給令（第十三号）
	宮内官任用令（第十四号）
	宮内官分限令（第十五号）
	宮内官懲戒令（第十六号）
明治 41 年（2）	皇室祭祀令（第一号）
	宮内伝染病予防令（第二号）
明治 42 年（12）	登極令（第一号）
	摂政令（第二号）
	立儲令（第三号）
	皇室成年式令（第四号）
	皇室服喪令（第十二号）
明治 43 年（41）	皇族身位令（第二号）
	皇室親族令（第三号）
	宮内官内国旅費令（第十三号）
	朝鮮貴族令（第十四号）
	皇室財産令（第三十三号）
	李王職官制（第三十四号）
明治 44 年（6）	皇族服装令（第三号）
	宮内官制服令（第四号）
	非役有位大礼服ノ帽ニ関スル件（第五号）
	華族戒飭令（第六号）
明治 45 年（3）	学習院学制中改正ノ件（第一号）
	皇室会計令（第二号）
	旧堂上華族保護資金令（第三号）
大正元年（21）	皇太后宮職官制（第一号）
	当分ノ内侍従長二人ヲ置クノ件（第六号）
	当分ノ内侍従長二人ヲ置クノ皇室令廃止ノ件（第八号）
	宮内職員ノ懲戒免除ニ関スル件（第十六号）

大正２年（9）	皇子附職員官制（第二号）
	地租地租附加税及段別割ニ関スル法規ヲ皇族所有ノ土地ニ適用スルノ件（第八号）
	天皇ノ御服ニ関スル件（第九号）
大正３年（23）	式部職掌典部職員中掌典内掌典及掌典補ノ臨時増員ニ関スル件（第一号）
	皇族附職員官制（第五号）
	御料牧場官制（第十号）
	皇太后宮職官制廃止ノ件（第十五号）
	宮内省ニ臨時編修局ヲ置クノ件（第二十二号）
大正４年（11）	宮中席次令（第一号）
	宮内官ニシテ勅任待遇奏任待遇又ハ判任待遇宮内職員ニ命セラルル為退官シタル者ノ恩給並退官賜金ニ関スル件（第四号）
	宮中ニ参入スル者ノ袿袴ノ制（第八号）
	祭祀及策命宣読ノ為参向ノ勅使及其ノ随員ノ服装ニ関スル件（第九号）
大正５年（7）	帝室制度審議会規則（第六号）
	臨時編修局ノ名称ヲ変更スルノ件（第七号）
大正６年（12）	
大正７年（16）	皇宮警手恩給令（第十五号）
	不要存御料地処分令（第十六号）
大正８年（9）、大正９年（14）	
大正10年（21）	宮内奏任官及同判任官ノ優遇ニ関スル件（第五号）
	宮内省官制（第七号）
	皇后宮職官制（第八号）
	東宮職官制（第九号）
	帝室会計審査局官制（第十号）
	帝室林野管理局官制（第十一号）
	帝室林野管理局臨時職員官制（第十二号）
	御歌所官制（第十三号）
	帝室博物館官制（第十四号）
	宮内官考査委員会官制（第十六号）
	宗秩寮審議会官制（第十七号）
	宮内官官等俸給令（第十八号）
	宮内官任用令（第十九号）
	侍従次長侍従及東宮侍従ノ定員ニ関スル件（第二十一号）
大正11年（12）	学習院学制（第一号）
	女子学習院学制（第二号）
	宮内省在外研究員令（第九号）
	御料牧場官制廃止ノ件（第十一号）

附表 旧皇室典範のもと制定された主な皇室令の一覧

大正 12 年（19）	学習院官制（第五号）
	女子学習院官制（第六号）
	皇室ノ祭祀ニ関スル件（第十四号）
	宮内職員ノ制服ニ関スル件（第十五号）
	宮内省恩給令（第十六号）
大正 13 年（16）	帝室林野管理局臨時職員官制（第六号）
	臨時御歴代史実考査委員会官制（第七号）
	皇室ノ祭祀ニ関スル件及宮内職員ノ制服ニ関スル件廃止ノ件（第十五号）
大正 14 年（12）	皇子附職員官制廃止ノ件（第一号）
	東京市京都市及其ノ附近所在御料地ノ売払ニ関スル件（第十号）
大正 15 年（19）	宮内伝染病予防令（第四号）
	皇統譜令（第六号）
	皇室儀制令（第七号）
	皇族就学令（第八号）
	皇族後見令（第九号）
	皇族遺言令（第十号）
	皇室喪儀令（第十一号）
	皇室陵墓令（第十二号）
	帝室制度審議会規則及臨時御歴代史実考査委員会官制廃止ノ件（第十五号）
	皇室裁判令（第十六号）
	王公家軌範（第十七号）
	租税ニ関スル法規ヲ王公族所有ノ土地ニ適用スルノ件（第十八号）
昭和元年（7）	皇太后宮職官制（第一号）
	東宮職官制廃止ノ件（第二号）
	侍従ノ定員ニ関スル件（第七号）
昭和 2 年（18）	王公族ノ服装ニ関スル件（第一号）
	侍従次長侍従及東宮侍従ノ定員ニ関スル件廃止ノ件（第九号）
	侍従ノ定員ニ関スル件廃止ノ件（第十号）
	皇室祭祀令中改正ノ件（第十二号）
昭和 3 年（10）、昭和 4 年（1）	
昭和 5 年（13）	皇族附職員官制（第三号）
昭和 6 年（3）、昭和 7 年（4）	
昭和 8 年（11）	宮内省ニ臨時帝室編修局ヲ置クノ件廃止ノ件（第四号）
	東宮ニ関スル事務主管ノ件（第十一号）
昭和 9 年（6）、昭和 10 年（7）	
昭和 11 年（13）	東宮伝育職員官制（第三号）
昭和 12 年（5）	皇室喪儀令中改正ノ件（第一号）
昭和 13 年（10）	
昭和 14 年（7）	掌典職官制（第四号）
昭和 15 年（13）	祭祀及策命宣読ノ為参向ノ勅使及其ノ随員ノ服装ニ関スル件中改正ノ件（第一号）
	皇后宮職ニ皇子伝育官ヲ置クノ件（第九号）

昭和16年（13）、昭和17年（3）	
昭和18年（22）	大東亜戦争ニ際シ陸海軍ニ召集セラレタル宮内職員ノ補欠及復帰ニ関スル件（第十号）
	宮内伝染病予防令（第二十号）
	皇室会計令臨時特例（第二十一号）
昭和19年（9）	学習院学制戦時特例ニ関スル件（第一号）
	女子学習院学制戦時特例ニ関スル件（第二号）
	宮内官内国旅費令（第三号）
	宮中ニ於ケル男子ノ通常服ニ関スル件（第四号）
	宮中ニ於ケル女子ノ通常服ニ関スル件（第八号）
	宮内省特別需品資金令（第九号）
昭和20年（60）	宮内官制服令第九条ノ臨時特例ニ関スル件（第一号）
	正倉院管理署官制（第三号）
	宮内部内臨時職員設置制（第四号）
	東宮職官制（第十五号）
	禁衛府官制（第二十二号）
	天皇ノ御服ニ関スル件（第三十七号）
	宮中ニ於ケル男子ノ通常服ニ関スル件（第三十九号）
	内大臣府官制廃止ノ件（第四十一号）
	皇室祭祀令中改正ノ件（第五十九号）
昭和21年（30）	宮内省恩給令ノ特例ニ関スル件（第九号）
	皇宮警察署官制（第十二号）
	皇族王公族附職員官制（第十三号）
	宮内官任用叙等令（第十四号）
	宮内官俸給令（第十五号）
	皇族王公族附職員官制廃止ノ件（第二十一号）
	戦時補償特別措置法及附属法令ヲ御料ニ係ル戦時補償請求権ニ関シ準用スル等ノ件（第二十六号）
昭和22年（12）	財産税法及附属法令ヲ御料ニ関シ準用スル等ノ件（第一号）
	租税ニ関スル法令ヲ皇族ニ適用スルノ件（第二号）
	御資会計財本部ニ属スル現金、登録国債又ハ有価証券ヲ納税ノ用ニ充ツルコトヲ得ルノ件（第四号）
	恩給法臨時特例ヲ宮内職員ノ恩給ニ準用スルノ件（第八号）
	学習院官制等廃止ノ件（第九号）
	帝室林野局官制等廃止ノ件（第十号）
	皇室令及附属法令廃止ノ件（第十二号）
※本表は、神社新報社半田竜介記者が作成。 近代日本では明治初年以来、その時々の社会状況に応じて諸種の皇室関係法令が制定されていた。本表ではその内、明治40年制定の公式令に準じて公布された皇室令の主要なものを記載している。なお、各皇室令の名称は官報に倣い、読者の便宜を図るため、一部名称を変更して記載している。各年の横に記載している括弧内の数は、当該の年に公布された皇室令の数である。	

参考資料

現行の天皇・皇室に関係する憲法条文および皇室典範、関係法（抄）

日本国憲法（抄）

（昭和二十一年十一月三日公布　昭和二十二年五月三日施行）

第一章　天皇

〔天皇の地位と主権在民〕

第一条　天皇は、日本国の象徴であり日本国民統合の象徴であつて、この地位は、主権の存する日本国民の総意に基く。

〔皇位の世襲〕

第二条　皇位は、世襲のものであつて、国会の議決した皇室典範の定めるところにより、これを継承する。

〔内閣の助言と承認及び責任〕

第三条　天皇の国事に関するすべての行為には、内閣の助言と承認を必要とし、内閣が、その責任を負ふ。

〔天皇の権能と権能行使の委任〕

第四条　天皇は、この憲法の定める国事に関する行為のみを行ひ、国政に関する権能を有しない。

2　天皇は、法律の定めるところにより、その国事に関する行為を委任することができる。

〔摂政〕

第五条　皇室典範の定めるところにより摂政を置くときは、摂政は、天皇の名でその国事に関する行為を行ふ。この場合には、前条第一項の規定を準用する。

〔天皇の任命行為〕

第六条　天皇は、国会の指名に基いて、内閣総理大臣を任命する。

2　天皇は、内閣の指名に基いて、最高裁判所の長たる裁判官を任命する。

〔天皇の国事行為〕

第七条　天皇は、内閣の助言と承認により、国民のために、左の国事に関する行為を行ふ。

一　憲法改正、法律、政令及び条約を公布すること。

二　国会を召集すること。

三　衆議院を解散すること。

四　国会議員の総選挙の施行を公示すること。

五　国務大臣及び法律の定めるその他の官吏の任免並びに全権委任状及び大使及び公使の信任状を認証すること。

六　大赦、特赦、減刑、刑の執行の免除及び復権を認証すること。

七　栄典を授与すること。

八　批准書及び法律の定めるその他の外交文書を認証すること。

九　外国の大使及び公使を接受すること。

十　儀式を行ふこと。

〔財産授受の制限〕

第八条　皇室に財産を譲り渡し、又は皇室が、財産を譲り受け、若しくは賜与することは、国会の議決に基かなければならない。

〔皇室財産及び皇室費用〕

第八十八条　すべて皇室財産は、国に属する。すべて皇室の費用は、予算に計上して国会の議決を経なければならない。

〔憲法尊重擁護の義務〕

第九十九条　天皇又は摂政及び国務大臣、国会議員、裁判官その他の公務員は、この憲法を尊重し擁護する義務を負ふ。

皇室典範

（昭和二十二年一月十六日法律第三号）

第一章　皇位継承

第一条　皇位は、皇統に属する男系の男子が、これを継承する。

第二条　皇位は、左の順序により、皇族に、これを伝える。

一　皇長子

二　皇長孫
三　その他の皇長子の子孫
四　皇次子及びその子孫
五　その他の皇子孫
六　皇兄弟及びその子孫
七　皇伯叔父及びその子孫

2　前項各号の皇族がないときは、皇位は、それ以上で、最近親の系統の皇族に、これを伝える。
3　前二項の場合においては、長系を先にし、同等内では、長を先にする。
第三条　皇嗣に、精神若しくは身体の不治の重患があり、又は重大な事故があるときは、皇室会議の議により、前条に定める順序に従つて、皇位継承の順序を変えることができる。
第四条　天皇が崩じたときは、皇嗣が、直ちに即位する。

第二章　皇族

第五条　皇后、太皇太后、皇太后、親王、親王妃、内親王、王、王妃及び女王を皇族とする。
第六条　嫡出の皇子及び嫡男系嫡出の皇孫は、男を親王、女を内親王とし、三世以下の嫡男系嫡出の子孫は、男を王、女を女王とする。
第七条　王が皇位を継承したときは、その兄弟姉妹たる王及び女王は、特にこれを親王及び内親王とする。
第八条　皇嗣たる皇子を皇太子という。皇太子のないときは、皇嗣たる皇孫を皇太孫という。
第九条　天皇及び皇族は、養子をすることができない。

第十条　立后及び皇族男子の婚姻は、皇室会議の議を経ることを要する。

第十一条　年齢十五年以上の内親王、王及び女王は、その意思に基き、皇室会議の議により、皇族の身分を離れる。

2　親王（皇太子及び皇太孫を除く。）、内親王、王及び女王は、前項の場合の外、やむを得ない特別の事由があるときは、皇室会議の議により、皇族の身分を離れる。

第十二条　皇族女子は、天皇及び皇族以外の者と婚姻したときは、皇族の身分を離れる。

第十三条　皇族の身分を離れる親王又は王の妃並びに直系卑属及びその妃は、他の皇族と婚姻した女子及びその直系卑属を除き、同時に皇族の身分を離れる。但し、直系卑属及びその妃については、皇室会議の議により、皇族の身分を離れないものとすることができる。

第十四条　皇族以外の女子で親王妃又は王妃となつた者が、その夫を失つたときは、その意思により、皇族の身分を離れることができる。

2　前項の者が、その夫を失つたときは、同項による場合の外、やむを得ない特別の事由があるときは、皇室会議の議により、皇族の身分を離れる。

3　第一項の者は、離婚したときは、皇族の身分を離れる。

4　第一項及び前項の規定は、前条の他の皇族と婚姻した女子に、これを準用する。

第十五条　皇族以外の者及びその子孫は、女子が皇后となる場合及び皇族男子と婚姻する場合を除いては、皇族となることがない。

第三章　摂政

第十六条　天皇が成年に達しないときは、摂政を置く。
2　天皇が、精神若しくは身体の重患又は重大な事故により、国事に関する行為をみずからすることができないときは、皇室会議の議により、摂政を置く。
第十七条　摂政は、左の順序により、成年に達した皇族が、これに就任する。
一　皇太子又は皇太孫
二　親王及び王
三　皇后
四　皇太后
五　太皇太后
六　内親王及び女王
2　前項第二号の場合においては、皇位継承の順序に従い、同項第六号の場合においては、皇位継承の順序に準ずる。
第十八条　摂政又は摂政となる順位にあたる者に、精神若しくは身体の重患があり、又は重大な事故があるときは、皇室会議の議により、前条に定める順序に従つて、摂政又は摂政となる順序を変えることができる。
第十九条　摂政となる順位にあたる者が、成年に達しないため、又は前条の故障があるために、他の皇族が、摂政となつたときは、先順位にあたつていた皇族が、成年に達し、又は故障がなくなつたときでも、皇太子又は皇太孫に対する場合を除いては、摂政の任を譲ることがない。

第二十条　第十六条第二項の故障がなくなつたときは、皇室会議の議により、摂政を廃する。

第二十一条　摂政は、その在任中、訴追されない。但し、これがため、訴追の権利は、害されない。

第四章　成年、敬称、即位の礼、大喪の礼、皇統譜及び陵墓

第二十二条　天皇、皇太子及び皇太孫の成年は、十八年とする。

第二十三条　天皇、皇后、太皇太后及び皇太后の敬称は、陛下とする。

2　前項の皇族以外の皇族の敬称は、殿下とする。

第二十四条　皇位の継承があつたときは、即位の礼を行う。

第二十五条　天皇が崩じたときは、大喪の礼を行う。

第二十六条　天皇及び皇族の身分に関する事項は、これを皇統譜に登録する。

第二十七条　天皇、皇后、太皇太后及び皇太后を葬る所を陵、その他の皇族を葬る所を墓とし、陵及び墓に関する事項は、これを陵籍及び墓籍に登録する。

第五章　皇室会議

第二十八条　皇室会議は、議員十人でこれを組織する。

2　議員は、皇族二人、衆議院及び参議院の議長及び副議長、内閣総理大臣、宮内庁の長並びに最高裁判所の長たる裁判官及びその他の裁判官一人を以て、これに充てる。

3　議員となる皇族及び最高裁判所の長たる裁判官以外の裁判官は、各々成年に達した皇族又は最高裁判所の長たる裁判官以外の裁判官の互選による。

第二十九条　内閣総理大臣たる議員は、皇室会議の議長となる。

第三十条　皇室会議に、予備議員十人を置く。
2　皇族及び最高裁判所の裁判官たる議員の予備議員については、第二十八条第三項の規定を準用する。
3　衆議院及び参議院の議長及び副議長たる議員の予備議員は、各々衆議院及び参議院の議員の互選による。
4　前二項の予備議員の員数は、各々その議員の員数と同数とし、その職務を行う順序は、互選の際、これを定める。
5　内閣総理大臣たる議員の予備議員は、内閣法の規定により臨時に内閣総理大臣の職務を行う者として指定された国務大臣を以て、これに充てる。
6　宮内庁の長たる議員の予備議員は、内閣総理大臣の指定する宮内庁の官吏を以て、これに充てる。
7　議員に事故のあるとき、又は議員が欠けたときは、その予備議員が、その職務を行う。
第三十一条　第二十八条及び前条において、衆議院の議長、副議長又は議員とあるのは、衆議院が解散されたときは、後任者の定まるまでは、各々解散の際衆議院の議長、副議長又は議員であつた者とする。
第三十二条　皇族及び最高裁判所の長たる裁判官以外の裁判官たる議員及び予備議員の任期は、四年とする。
第三十三条　皇室会議は、議長が、これを招集する。
2　皇室会議は、第三条、第十六条第二項、第十八条及び第二十条の場合には、四人以上の議員の要求があるときは、これを招集することを要する。
第三十四条　皇室会議は、六人以上の議員の出席がなければ、議事を開き議決することができない。

第三十五条　皇室会議の議事は、第三条、第十六条第二項、第十八条及び第二十条の場合には、出席した議員の三分の二以上の多数でこれを決し、その他の場合には、過半数でこれを決する。
2　前項後段の場合において、可否同数のときは、議長の決するところによる。
第三十六条　議員は、自分の利害に特別の関係のある議事には、参与することができない。
第三十七条　皇室会議は、この法律及び他の法律に基く権限のみを行う。

附　則
1　この法律は、日本国憲法施行の日から、これを施行する。
2　現在の皇族は、この法律による皇族とし、第六条の規定の適用については、これを嫡男系嫡出の者とする。
3　現在の陵及び墓は、これを第二十七条の陵及び墓とする。

附　則（昭和二四年五月三一日法律第一三四号）抄
1　この法律は、昭和二十四年六月一日から施行する。

天皇の退位等に関する皇室典範特例法

（平成二十九年六月九日成立、平成二十九年六月十六日公布）

（趣旨）
第一条　この法律は、天皇陛下が、昭和六十四年一月七日の御即位以来二十八年を超える長期にわたり、国事行為のほか、全国各地への御訪問、被災地のお見舞いをはじめとする象徴としての公的な御活動に精励してこられた中、八十三歳と御高齢になられ、今後これらの御活動を天皇として自ら続けられることが困難となることを深く案じておられること、これに対し、国民は、御高齢に至るまでこれらの御活動に精励されている天皇陛下を深く敬愛し、この天皇陛下のお気持ちを理解し、これに共感していること、さらに、皇嗣である皇太子殿下は、五十七歳となられ、これまで国事行為の臨時代行等の御公務に長期にわたり精勤されておられることという現下の状況に鑑み、皇室典範（昭和二十二年法律第三号）第四条の規定の特例として、天皇陛下の退位及び皇嗣の即位を実現するとともに、天皇陛下の退位後の地位その他の退位に伴い必要となる事項を定めるものとする。

（天皇の退位及び皇嗣の即位）

第二条　天皇は、この法律の施行の日限り、退位し、皇嗣が、直ちに即位する。

（上皇）

第三条　前条の規定により退位した天皇は、上皇とする。

2　上皇の敬称は、陛下とする。

3　上皇の身分に関する事項の登録、喪儀及び陵墓については、天皇の例による。

4　上皇に関しては、前二項に規定する事項を除き、皇室典範（第二条、第二十八条第二項及び第三項並びに第三十条第二項を除く。）に定める事項については、皇族の例による。

（上皇后）

第四条　上皇の后は、上皇后とする。

2　上皇后に関しては、皇室典範に定める事項については、皇太后の例による。

（皇位継承後の皇嗣）

第五条　第二条の規定による皇位の継承に伴い皇嗣となった皇族に関しては、皇室典範に定める事項については、皇太子の例による。

附　則

（施行期日）

第一条　この法律は、公布の日から起算して三年を超えない範囲内において政令で定める日から施行する。ただし、第一条並びに次項、次条、附則第八条及び附則第九条の規定は公布の日から、附則第十条及び第十一条の規定はこの法律の施行の日の翌日から施行する。

2　前項の政令を定めるに当たっては、内閣総理大臣は、あらかじめ、皇室会議の意見を聴かなければならない。

（この法律の失効）

第二条　この法律は、この法律の施行の日以前に皇室典範第四条の規定による皇位の継承があったときは、その効力を失う。

（皇室典範の一部改正）

第三条　皇室典範の一部を次のように改正する。

附則に次の一項を加える。

この法律の特例として天皇の退位について定める天皇の退位等に関する皇室典範特例法（平成二十

九年法律第六十三号）は、この法律と一体を成すものである。

（上皇に関する他の法令の適用）

第四条　上皇に関しては、次に掲げる事項については、天皇の例による。

一　刑法（明治四十年法律第四十五号）第二編第三十四章の罪に係る告訴及び検察審査会法（昭和二十三年法律第百四十七号）の規定による検察審査員の職務

二　前号に掲げる事項のほか、皇室経済法（昭和二十二年法律第四号）その他の政令で定める法令に定める事項

2　上皇に関しては、前項に規定する事項のほか、警察法（昭和二十九年法律第百六十二号）その他の政令で定める法令に定める事項については、皇族の例による。

3　上皇の御所は、国会議事堂、内閣総理大臣官邸その他の国の重要な施設等、外国公館等及び原子力事業所の周辺地域の上空における小型無人機等の飛行の禁止に関する法律（平成二十八年法律第九号）の規定の適用については、同法第二条第一項第一号ホに掲げる施設とみなす。

（上皇后に関する他の法令の適用）

第五条　上皇后に関しては、次に掲げる事項については、皇太后の例による。

一　刑法第二編第三十四章の罪に係る告訴及び検察審査会法の規定による検察審査員の職務

二　前号に掲げる事項のほか、皇室経済法その他の政令で定める法令に定める事項

（皇位継承後の皇嗣に関する皇室経済法等の適用）

第六条　第二条の規定による皇位の継承に伴い皇嗣となった皇族に対しては、皇室経済法第六条第三項第

一号の規定にかかわらず、同条第一項の皇族費のうち年額によるものとして、同項の定額の三倍に相当する額の金額を毎年支出するものとする。この場合において、皇室経済法施行法（昭和二十二年法律第百十三号）第十条の規定の適用については、同条第一項中「第四項」とあるのは、「第四項並びに天皇の退位等に関する皇室典範特例法（平成二十九年法律第六十三号）附則第六条第一項前段」とする。

2　附則第四条第三項の規定は、第二条の規定による皇位の継承に伴い皇嗣となった皇族の御在所について準用する。

（贈与税の非課税等）

第七条　第二条の規定により皇位の継承があった場合において皇室経済法第七条の規定により皇位とともに皇嗣が受けた物については、贈与税を課さない。

2　前項の規定により贈与税を課さないこととされた物については、相続税法（昭和二十五年法律第七十三号）第十九条第一項の規定は、適用しない。

（意見公募手続等の適用除外）

第八条　次に掲げる政令を定める行為については、行政手続法（平成五年法律第八十八号）第六章の規定は、適用しない。

一　第二条の規定による皇位の継承に伴う元号法（昭和五十四年法律第四十三号）第一項の規定に基づく政令

二　附則第四条第一項第二号及び第二項、附則第五条第二号並びに次条の規定に基づく政令

（政令への委任）

第九条　この法律に定めるもののほか、この法律の施行に関し必要な事項は、政令で定める。

（国民の祝日に関する法律の一部改正）

第十条　国民の祝日に関する法律（昭和二十三年法律第百七十八号）の一部を次のように改正する。

第二条中「春分の日　春分日　自然をたたえ、生物をいつくしむ。」を「天皇誕生日　二月二十三日　天皇の誕生日を祝う。　春分の日　春分日　自然をたたえ、生物をいつくしむ。」に改め、「天皇誕生日　十二月二十三日　天皇の誕生日を祝う。」を削る。

（宮内庁法の一部改正）

第十一条　宮内庁法（昭和二十二年法律第七十号）の一部を次のように改正する。

附則を附則第一条とし、同条の次に次の二条を加える。

第二条　宮内庁は、第二条各号に掲げる事務のほか、上皇に関する事務をつかさどる。この場合において、内閣府設置法第四条第三項第五十七号の規定の適用については、同号中「第二条」とあるのは、「第二条及び附則第二条第一項前段」とする。

2　第三条第一項の規定にかかわらず、宮内庁に、前項前段の所掌事務を遂行するため、上皇職を置く。

3　上皇職に、上皇侍従長及び上皇侍従次長一人を置く。

4　上皇侍従長の任免は、天皇が認証する。

5　上皇侍従長は、上皇の側近に奉仕し、命を受け、上皇職の事務を掌理する。

6　上皇侍従次長は、命を受け、上皇侍従長を助け、上皇職の事務を整理する。

7　第三条第三項及び第十五条第四項の規定は、上皇職について準用する。

8　上皇侍従長及び上皇侍従次長は、国家公務員法（昭和二十二年法律第百二十号）第二条に規定する特別職とする。この場合において、特別職の職員の給与に関する法律（昭和二十四年法律第二百五十二号。以下この項及び次条第六項において「特別職給与法」という。）及び行政機関の職員の定員に関する法律（昭和四十四年法律第三十三号。以下この項及び次条第六項において「定員法」という。）の規定の適用については、特別職給与法第一条第四十二号中「侍従長」とあるのは「侍従長、上皇侍従長」と、同条第七十三号中「の者」とあるのは「の者及び上皇侍従次長」と、特別職給与法別表第一中「式部官長」とあるのは「上皇侍従長及び式部官長」と、定員法第一条第二項第二号中「侍従長」とあるのは「侍従長、上皇侍従長」と、「及び侍従次長」とあるのは「、侍従次長及び上皇侍従次長」とする。

第三条　第三条第一項の規定にかかわらず、宮内庁に、天皇の退位等に関する皇室典範特例法（平成二十九年法律第六十三号）第二条の規定による皇位の継承に伴い皇嗣となつた皇族に関する事務を遂行するため、皇嗣職を置く。

2　皇嗣職に、皇嗣職大夫を置く。

3　皇嗣職大夫は、命を受け、皇嗣職の事務を掌理する。

4　第三条第三項及び第十五条第四項の規定は、皇嗣職について準用する。

5　第一項の規定により皇嗣職が置かれている間は、東宮職を置かないものとする。

6　皇嗣職大夫は、国家公務員法第二条に規定する特別職とする。この場合において、特別職給与法及び定員法の規定の適用については、特別職給与法第一条第四十二号及び別表第一並びに定員法第一条第二項第二号中「東宮大夫」とあるのは、「皇嗣職大夫」とする。

理　由

皇室典範第四条の規定の特例として、天皇陛下の退位及び皇嗣の即位を実現するとともに、天皇陛下の退位後の地位その他の退位に伴い必要となる事項について所要の措置を講ずる必要がある。これが、この法律案を提出する理由である。

国事行為の臨時代行に関する法律

（昭和三十九年五月二十日法律第八十三号）

（趣旨）

第一条　日本国憲法第四条第二項の規定に基づく天皇の国事に関する行為の委任による臨時代行については、この法律の定めるところによる。

（委任による臨時代行）

第二条　天皇は、精神若しくは身体の疾患又は事故があるときは、摂政を置くべき場合を除き、内閣の助言と承認により、国事に関する行為を皇室典範（昭和二十二年法律第三号）第十七条の規定により摂政となる順位にあたる皇族に委任して臨時に代行させることができる。

2　前項の場合において、同項の皇族が成年に達しないとき、又はその皇族に精神若しくは身体の疾患若しくは事故があるときは、天皇は、内閣の助言と承認により、皇室典範第十七条に定める順序に従つて、成年に達し、かつ、故障がない他の皇族に同項の委任をするものとする。

（委任の解除）

第三条　天皇は、その故障がなくなつたとき、前条の規定による委任を受けた皇族に故障が生じたとき、又は同条の規定による委任をした場合において、先順位にあたる皇族が成年に達し、若しくはその皇族に故障がなくなつたときは、内閣の助言と承認により、同条の規定による委任を解除する。

（委任の終了）

第四条　第二条の規定による委任は、皇位の継承、摂政の設置又はその委任を受けた皇族の皇族たる身分の離脱によつて終了する。

（公示）

第五条　この法律の規定により天皇の国事に関する行為が委任され、又はその委任が解除されたときは、内閣は、その旨を公示する。

（訴追の制限）

第六条　第二条の規定による委任を受けた皇族は、その委任がされている間、訴追されない。ただし、このため、訴追の権利は、害されない。

附　則

この法律は、公布の日から施行する。

皇族の身分を離れた者及び皇族となつた者の戸籍に関する法律

（昭和二十二年九月二十六日法律第百十一号）
（最終改正　昭和二四年五月一九日法律第七三号）

第一条　皇室典範第十一条の規定により皇族の身分を離れた者については、新戸籍を編製する。
2　皇室典範第十三条の規定により前項の者と同時に皇族の身分を離れた者は、同項の者の戸籍に入る。
3　皇室典範第十三条の規定により第一項の者と同時に皇族の身分を離れた者に、同条の規定により同時に皇族の身分を離れた配偶者又は子があるときは、前項の規定にかかわらず、その夫婦（配偶者がない者についてはその者）について新戸籍を編製し、その子は、その戸籍に入る。
第二条　皇室典範第十四条第一項乃至第三項の規定により皇族の身分を離れた者は、婚姻前の戸籍に入る。
2　皇室典範第十四条第四項の規定により皇族の身分を離れた者は、その父母につき前条第一項又は第三項の規定により編製した戸籍に入る。
3　前二項の場合において入るべき戸籍がすでに除かれているとき、又はその者が新戸籍編製の申出をしたときは、新戸籍を編製する。
第三条　皇室典範第十二条の規定により皇族の身分を離れた者が離婚するときは、その者につき新戸籍を編製する。但し、その者の父母につき第一条第一項又は第三項の規定により編製した戸籍があるときは、その戸籍に入る。
2　前条第三項の規定は、前項但書の場合に準用する。

第四条　皇族以外の女子が皇后となり、又は皇族男子と婚姻したときは、その戸籍から除かれる。
第五条　第一条第一項、第三項又は第二条第三項の規定により新戸籍を編製される者は、十日以内に、届書に皇族の身分を離れた原因及び年月日を記載して、その旨を届け出なければならない。この場合には、皇族の身分を離れた原因を証する書面を届書に添附しなければならない。
第六条　第二条第一項又は第二項の規定により戸籍に入る者は、十日以内に、届書に入籍の原因及び年月日を記載して、その旨を届け出なければならない。この場合には、入籍の原因を証する書面を届書に添附しなければならない。
第七条　第四条の規定により戸籍から除かれる者の四親等内の親族は、十日以内に、届書に除籍の原因及び年月日を記載して、その旨を届け出なければならない。この場合には、除籍の原因を証する書面を届書に添附しなければならない。

附　則

この法律は、公布の日から、これを施行する。

附　則（昭和二四年五月一九日法律第七三号）

この法律は、公布の日から、これを施行する。

元号法

（昭和五十四年六月十二日法律第四十三号）

1　元号は、政令で定める。
2　元号は、皇位の継承があつた場合に限り改める。

附　則

1　この法律は、公布の日から施行する。
2　昭和の元号は、本則第一項の規定に基づき定められたものとする。

皇室経済法

（昭和二十二年一月十六日法律第四号　昭和二十二年五月三日施行）
（最終改正　平成一一年一二月二二日法律第一六〇号）

第一条　削除

第二条　左の各号の一に該当する場合においては、その度ごとに国会の議決を経なくても、皇室に財産を譲り渡し、又は皇室が財産を譲り受け、若しくは賜与することができる。
一　相当の対価による売買等通常の私的経済行為に係る場合
二　外国交際のための儀礼上の贈答に係る場合
三　公共のためになす遺贈又は遺産の賜与に係る場合
四　前各号に掲げる場合を除く外、毎年四月一日から翌年三月三十一日までの期間内に、皇室がなす賜与又は譲受に係る財産の価額が、別に法律で定める一定価額に達するに至るまでの場合

第三条　予算に計上する皇室の費用は、これを内廷費、宮廷費及び皇族費とする。

第四条　内廷費は、天皇並びに皇后、太皇太后、皇太后、皇太子、皇太子妃、皇太孫、皇太孫妃及び内廷にあるその他の皇族の日常の費用その他内廷諸費に充てるものとし、別に法律で定める定額を、毎年支出するものとする。

2　内廷費として支出されたものは、御手元金となるものとし、宮内庁の経理に属する公金としない。

3　皇室経済会議は、第一項の定額について、変更の必要があると認めるときは、これに関する意見を内閣に提出しなければならない。

4　前項の意見の提出があったときは、内閣は、その内容をなるべく速かに国会に報告しなければならない。

第五条　宮廷費は、内廷諸費以外の宮廷諸費に充てるものとし、宮内庁で、これを経理する。

第六条　皇族費は、皇族としての品位保持の資に充てるために、年額により毎年支出するもの及び皇族が初めて独立の生計を営む際に一時金額により支出するもの並びに皇族であった者としての品位保持の資に充てるために、皇族が皇室典範の定めるところによりその身分を離れる際に一時金額により支出するものとする。その年額又は一時金額は、別に法律で定める定額に基いて、これを算出する。

2　前項の場合において、皇族が初めて独立の生計を営むことの認定は、皇室経済会議の議を経ることを要する。

3　年額による皇族費は、左の各号並びに第四項及び第五項の規定により算出する額とし、第四条第一項に規定する皇族以外の各皇族に対し、毎年これを支出するものとする。

一　独立の生計を営む親王に対しては、定額相当額の金額とする。
二　前号の親王の妃に対しては、定額の二分の一に相当する額の金額とする。但し、その夫を失つて独立の生計を営む親王妃に対しては、定額相当額の金額とする。この場合において、独立の生計を営むことの認定は、皇室経済会議の議を経ることを要する。
三　独立の生計を営む内親王に対しては、定額の二分の一に相当する額の金額とする。
四　独立の生計を営まない親王、その妃及び内親王に対しては、定額の十分の一に相当する額の金額とする。ただし、成年に達した者に対しては、定額の十分の三に相当する額の金額とする。
五　王、王妃及び女王に対しては、それぞれ前各号の親王、親王妃及び内親王に準じて算出した額の十分の七に相当する額の金額とする。
4　摂政たる皇族に対しては、その在任中は、定額の三倍に相当する額の金額とする。
5　同一人が二以上の身分を有するときは、その年額中の多額のものによる。
6　皇族が初めて独立の生計を営む際に支出する一時金額による皇族費は、独立の生計を営む皇族について算出する年額の二倍に相当する額の金額とする。
7　皇族がその身分を離れる際に支出する一時金額による皇族費は、左の各号に掲げる額を超えない範囲内において、皇室経済会議の議を経て定める金額とする。
一　皇室典範第十一条、第十二条及び第十四条の規定により皇族の身分を離れる者については、独立の生計を営む皇族について算出する年額の十倍に相当する額
二　皇室典範第十三条の規定により皇族の身分を離れる者については、第三項及び第五項の規定により

算出する年額の十倍に相当する額。この場合において、成年に達した皇族は、独立の生計を営む皇族とみなす。
8　第四条第二項の規定は、皇族費として支出されたものに、これを準用する。
9　第四条第三項及び第四項の規定は、第一項の定額に、これを準用する。
第七条　皇位とともに伝わるべき由緒ある物は、皇位とともに、皇嗣が、これを受ける。
第八条　皇室経済会議は、議員八人でこれを組織する。
2　議員は、衆議院及び参議院の議長及び副議長、内閣総理大臣、財務大臣、宮内庁の長並びに会計検査院の長をもつて、これに充てる。
第九条　皇室経済会議に、予備議員八人を置く。
第十条　皇室経済会議は、五人以上の議員の出席がなければ、議事を開き議決することができない。
2　皇室経済会議の議事は、過半数でこれを決する。可否同数のときは、議長の決するところによる。
第十一条　皇室典範第二十九条、第三十条第三項から第七項まで、第三十一条、第三十三条第一項、第三十六条及び第三十七条の規定は、皇室経済会議に、これを準用する。
2　財務大臣たる議員の予備議員は、財務事務次官をもつて、これに充て、会計検査院の長たる議員の予備議員は、内閣総理大臣の指定する会計検査院の官吏をもつて、これに充てる。

附　則　抄

1　この法律は、日本国憲法施行の日から、これを施行する。
2　この法律施行の際、現に皇室の用に供せられている従前の皇室財産で、国有財産法の国有財産となつたものは、第一条第二項の規定にかかわらず、皇室経済会議の議を経ることなく、これを皇室用財産とする。

3　この法律施行の際、従前の皇室会計に所属する権利義務で国に引き継がるべきものの経過的処理に関し、必要な事項は、政令でこれを定める。

4　この法律施行の日の属する年度における内廷費及び皇族費の年額は、月額による。

附　則（昭和二四年五月三一日法律第一三四号）抄

1　この法律は、昭和二十四年六月一日から施行する。

附　則（昭和二七年二月二九日法律第二号）

1　この法律は、昭和二十七年四月一日から施行する。

2　この法律施行の際既婚者たる親王は、改正後の皇室経済法第六条第三項の適用については、独立の生計を営む親王とみなす。

3　この法律施行の際未婚者たる親王又は内親王は、改正後の皇室経済法第六条第三項の適用については、独立の生計を営まない親王又は内親王とみなす。

附　則（昭和二八年六月三〇日法律第四七号）

この法律は、昭和二十八年七月一日から施行する。

附　則（昭和四〇年五月二二日法律第七六号）

この法律は、公布の日から施行し、昭和四十年四月一日から適用する。

附　則（平成一一年一二月二二日法律第一六〇号）抄

（施行期日）
第一条　この法律（第二条及び第三条を除く。）は、平成十三年一月六日から施行する。

皇室経済法施行法

（昭和二十二年十月二日法律第百十三号）
（最終改正　平成八年三月三一日法律第八号）

第一条　この法律は、内廷費及び皇族費に関する定額その他皇室経済法（以下法という。）の施行に必要な事項を定めることを目的とする。
第二条　法第二条第四号の一定価額は、左の各号による。
一　天皇及び法第四条第一項に規定する皇族については、これらの者を通じて、賜与の価額は千八百万円、譲受の価額は六百万円とする。
二　前号以外の皇族については、賜与及び譲受の価額は、それぞれ百六十万円とする。ただし、成年に達しない皇族については、それぞれ三十五万円とする。
第三条　削除
第四条　削除
第五条　削除
第六条　削除

第七条　法第四条第一項の定額は、三億二千四百万円とする。
第八条　法第六条第一項の定額は、三千五十万円とする。
第九条　前二条の定額による内廷費及び皇族費は、国会の議決による歳出予算の定めによらないで、又は定めのない間に、これを支出し、又は支出の手続をすることはできない。
第十条　法第六条第三項及び第四項の皇族費は、年度の途中において、これを支出する事由が生じたとき、又はこれを支出することをやめる事由が生じたときは、当該事由が生じた月を含めて、年額の月割計算により算出した金額を支出する。
2　前項の場合において、同一の月に支出することをやめる事由と同時に新たに支出する事由が生じたときは、その月の月割額は、その多額のものによる。

附　則（抄）

1　この法律は、昭和二十二年八月一日から、これを適用する。
2　昭和二十二年法律第七十一号（皇室経済法の施行に関する法律）は、これを廃止する。

附　則（昭和二三年七月六日法律第九四号）

この法律は、公布の日から、これを施行し、昭和二十三年四月一日から、これを適用する。

附　則（昭和五九年四月二七日法律第一八号）

1　この法律は、公布の日から施行し、改正後の第二条、第七条及び第八条の規定並びに次項の規定は、昭和五十九年四月一日から適用する。
2　昭和五十九年度における改正後の第七条及び第八条の規定の適用については、改正後の第七条中「二億五千七百万円」とあるのは「二億三千九百万円」と、改正後の第八条中「二千三百六十万円」とあるのは「二千二百万円」とする。

附　則（平成二年六月一日法律第二三号）

この法律は、公布の日から施行し、改正後の第七条及び第八条の規定は、平成二年四月一日から適用する。

附　則（平成八年三月三一日法律第八号）

この法律は、平成八年四月一日から施行する。

宮内庁法

（昭和二十二年四月十八日法律第七十号）
（最終改正　平成一三年四月一八日法律第三二号）

第一条　内閣府に、内閣総理大臣の管理に属する機関として、宮内庁を置く。
2　宮内庁は、皇室関係の国家事務及び政令で定める天皇の国事に関する行為に係る事務をつかさどり、御璽国璽を保管する。

第二条　宮内庁の所掌事務は、次のとおりとする。
一　皇室制度の調査に関すること。
二　行幸啓に関すること。

三　賜与及び受納に関すること。
四　皇室会議及び皇室経済会議に関すること。
五　御璽国璽を保管すること。
六　側近に関すること。
七　皇族に関すること。
八　儀式に関すること。
九　交際に関すること。
十　雅楽に関すること。
十一　皇統譜の調製、登録及び保管に関すること。
十二　陵墓に関すること。
十三　図書及び記録の保管、出納、複刻及び編集に関すること。
十四　皇室用財産を管理すること。
十五　供進及び調理に関すること。
十六　皇室の車馬に関すること。
十七　皇室の衛生に関すること。
十八　正倉院宝庫及び正倉院宝物に関すること。
十九　御料牧場に関すること。
二十　前各号に掲げるもののほか、法律（法律に基づく命令を含む。）に基づき、宮内庁に属させられた

事務
第三条　宮内庁に、その所掌事務を遂行するため、長官官房並びに侍従職、東宮職及び式部職（以下「侍従職等」という。）を置くほか、政令の定めるところにより、必要な部を置くことができる。
2　長官官房及び部の所掌事務の範囲は、政令で定める。
3　長官官房、侍従職等及び部には、課及びこれに準ずる室を置くことができるものとし、これらの設置及び所掌事務の範囲は、政令で定める。
第四条　侍従職においては、左の事務をつかさどる。
一　御璽国璽を保管すること。
二　側近に関すること。
三　内廷にある皇族に関すること。
第五条　削除
第六条　東宮職においては、皇太子に関する事務をつかさどる。
第七条　式部職においては、左の事務をつかさどる。
一　儀式に関すること。
二　交際に関すること。
三　雅楽に関すること。
第八条　宮内庁の長は、宮内庁長官とする。
2　宮内庁長官（以下「長官」という。）の任免は、天皇が認証する。

3　長官は、宮内庁の事務を統括し、職員の服務について統督する。
4　長官は、宮内庁の所掌事務について、内閣総理大臣に対し、案をそなえて、内閣府令を発することを求めることができる。
5　長官は、宮内庁の所掌事務について、公示を必要とする場合においては、告示を発することができる。
6　長官は、宮内庁の所掌事務について、命令又は示達するため、所管の諸機関及び職員に対し、訓令又は通達を発することができる。
7　長官は、宮内庁の所掌事務を遂行するため必要があると認めるときは、皇宮警察の事務につき、警察庁長官に対して所要の措置を求めることができる。
第九条　宮内庁に、宮内庁次長一人を置く。
2　宮内庁次長は、長官を助け、庁務を整理し、各部局の事務を監督する。
3　宮内庁には、特に必要がある場合においては、その所掌事務の一部を総括整理する職を置くことができるものとし、その設置、職務及び定数は、政令で定める。
4　宮内庁に、宮内庁長官秘書官を置く。
5　宮内庁長官秘書官の定数は、政令で定める。
6　宮内庁長官秘書官は、長官の命を受け、機密の事務をつかさどる。
第十条　侍従職に、侍従長及び侍従次長一人を置く。
2　侍従長の任免は、天皇が認証する。
3　侍従長は、側近に奉仕し、命を受け、侍従職の事務を掌理する。

4　侍従次長は、命を受け、侍従長を助け、侍従職の事務を整理する。
第十一条　削除
第十二条　東宮職に、東宮大夫を置く。
2　東宮大夫は、命を受け、東宮職の事務を掌理する。
第十三条　式部職に、式部官長を置く。
2　式部官長は、命を受け、式部職の事務を掌理する。
第十四条　宮内庁には、特に必要がある場合においては、長官官房、侍従職等及び部の所掌に属しない事務の能率的な遂行のためこれを所掌する職で部長に準ずるものを置くことができるものとし、その設置、職務及び定数は、政令で定める。
2　宮内庁には、特に必要がある場合においては、前項の職のつかさどる職務の全部又は一部を助ける職で課長に準ずるものを置くことができるものとし、その設置、職務及び定数は、政令で定める。
第十五条　部、課及び課に準ずる室に、それぞれ部長、課長及び室長を置く。
2　長官官房には、長を置くことができるものとし、その設置及び職務は、政令で定める。
3　部には、次長を置くことができるものとし、その設置、職務及び定数は、政令で定める。
4　長官官房、侍従職等又は部には、その所掌事務の一部を総括整理する職又は課（課に準ずる室を含む。）の所掌に属しない事務の能率的な遂行のためこれを所掌する職で課長に準ずるものを置くことができるものとし、これらの設置、職務及び定数は、政令で定める。
第十六条　宮内庁には、その所掌事務の範囲内で、法律又は政令の定めるところにより、重要事項に関する調査審議その他学識経験を有する者等の合議により処理することが適当な事務をつかさどらせるための合議制の機関を置くことができる。

2　宮内庁には、その所掌事務の範囲内で、政令の定めるところにより、文教研修施設（これに類する施設を含む。）及び作業施設を置くことができる。

第十七条　宮内庁に、地方支分部局として京都事務所を置く。

2　京都事務所は、内閣府令の定めるところにより、宮内庁の所掌事務の一部を分掌する。

3　京都事務所の位置及び内部組織は、内閣府令で定める。

第十八条　内閣府設置法（平成十一年法律第八十九号）第五十六条及び第五十七条の規定は宮内庁について、同法第五十八条第四項の規定は長官について準用する。

2　内閣府設置法第七条第四項の規定は、前項において準用する同法第五十八条第四項の命令について準用する。

附　則

この法律は、日本国憲法施行の日から、これを施行する。

附　則（昭和二四年五月三一日法律第一三四号）抄

1　この法律は、昭和二十四年六月一日から施行する。

2　法律（法律に基く命令を含む。）に別段の定のある場合を除く外、従前の機関及び職員は、この法律に基く相当の機関及び職員となり同一性をもつて存続するものとする。

3　前項の規定は、職員の定員に関する法律の適用に影響を及ぼすものではない。

附　則（昭和二六年一二月二二日法律第三一七号）抄

1　この法律は、昭和二十七年一月一日から施行する。

附　則（昭和三一年六月二六日法律第一六一号）抄

1　この法律は、公布の日から施行する。

2　この法律の施行の際、現に東宮大夫又は式部官長の職にある者は、それぞれ宮内庁法による東宮大夫又は式部官長に任命されたものとする。

附　則（昭和三八年六月一一日法律第一〇二号）抄

この法律中第一条から第三条までの規定は公布の日から、第四条の規定は昭和三十九年一月一日から施行する。

附　則（昭和三九年七月一日法律第一二六号）抄

（施行期日）

1　この法律は、公布の日から施行する。

附　則（昭和四二年六月三〇日法律第四四号）

この法律は、昭和四十二年七月一日から施行する。

附　則（昭和四四年七月五日法律第五九号）抄

この法律は、公布の日から施行する。ただし、第八条及び第十条の改正規定は、同日から起算して九月をこえない範囲内において政令で定める日から施行する。

附　則（昭和五五年三月三一日法律第一三号）抄

（施行期日）

1　この法律は、公布の日から起算して三月を超えない範囲内において政令で定める日から施行する。

附　則（昭和五八年一二月二日法律第七八号）

1　この法律（第一条を除く。）は、昭和五十九年七月一日から施行する。

2　この法律の施行の日の前日において法律の規定により置かれている機関等で、この法律の施行の日以後は国家行政組織法又はこの法律による改正後の関係法律の規定に基づく政令（以下「関係政令」という。）の規定により置かれることとなるものに関し必要となる経過措置その他この法律の施行に伴う関係政令の制定又は改廃に関し必要となる経過措置は、政令で定めることができる。

附　則（平成元年一月一一日法律第一号）抄

（施行期日）

1　この法律は、公布の日から施行する。

附　則（平成一一年七月一六日法律第一〇二号）抄

（施行期日）

第一条　この法律は、内閣法の一部を改正する法律（平成十一年法律第八十八号）の施行の日から施行する。ただし、次の各号に掲げる規定は、当該各号に定める日から施行する。

二　附則第十条第一項及び第五項、第十四条第三項、第二十三条、第二十八条並びに第三十条の規定　公布の日

（職員の身分引継ぎ）

第三条　この法律の施行の際現に従前の総理府、法務省、外務省、大蔵省、文部省、厚生省、農林水産省、通商産業省、運輸省、郵政省、労働省、建設省又は自治省（以下この条において「従前の府省」という。）の職員（国家行政組織法（昭和二十三年法律第百二十号）第八条の審議会等の会長又は委員長及び委員、中央防災会議の委員、日本工業標準調査会の会長及び委員並びにこれらに類する者として政令で定めるものを除く。）である者は、別に辞令を発せられない限り、同一の勤務条件をもって、この法律の施行後の内閣府、総務省、法務省、外務省、財務省、文部科学省、厚生労働省、農林水産省、経済産業省、国土交通省若しくは環境省（以下この条において「新府省」という。）又はこれに置かれる部局若しくは機関のうち、この法律の施行の際現に当該職員が属する従前の府省又はこれに置かれる部局若しくは機関の相当の新府省又はこれに置かれる部局若しくは機関として政令で定めるものの相当の職員となるものとする。

（別に定める経過措置）

第三十条　第二条から前条までに規定するもののほか、この法律の施行に伴い必要となる経過措置は、別に法律で定める。

附　則（平成一三年四月一八日法律第三二号）（抄）

（施行期日）

1　この法律は、平成十三年七月一日から施行する。

◆参考文献・資料一覧

葦津珍彦『天皇・祭祀・憲法』（神社本庁）、『葦津珍彦選集（一）天皇・神道・憲法』（神社新報社）
大原康男編著『詳録・皇室をめぐる国会論議』（展転社）
大原康男『象徴天皇考』（展転社）、『神道指令の研究』（原書房）
『天皇―その論の変遷と皇室制度』（展転社）、「資料紹介『皇室典範の制定経過』」『國學院大學日本文化研究所紀要』第七十三輯
酒巻芳男『皇室制度講話』（岩波書店）
芝葛盛『皇室制度』（岩波書店）
植木直一郎『皇室制度』（帝国神祇学会）、『皇室の制度典禮』（小林又七本店）
美濃部達吉『憲法撮要』（有斐閣）、『日本国憲法原論』（有斐閣）、『新憲法概論』（有斐閣）
宮沢俊義『日本国憲法』（日本評論社）
井手成三『皇位の世襲と宮中祭祀』（神社本庁）、『困った憲法・困った解釈』（時事通信社）、「皇室典範立案当時の思出」『時の法令』三〇三号、「憲法制定と皇室典範の経緯―GHQとの接触を回顧して」『月刊自由民主』二三八号
憲法調査会編『憲法調査会第三委員会第三回会議議事録』（憲法調査会）
参議院憲法調査会事務局編『君主制に関する主要国の制度』（参議院憲法調査会事務局）
宮内庁編『宮内庁要覧』（昭和60・平成9・平成17・平成28年度版）、『陵墓要覧』

宮内庁書陵部編『皇室制度史料』
園部逸夫『皇室法概論』（第一法規）、『皇室制度を考える』（中央公論社）
鎌田純一『皇室の祭祀』（神社新報社）
川出清彦『皇室の御敬神』（神道文化会）、『大嘗祭と宮中のまつり』（岩田書院）
八束清貫「皇室祭祀百年史」（『明治維新　神道百年史』所収、神道文化会）
「皇室の20世紀」編集部編『図説天皇家のしきたり案内』（小学館）
主婦の友社編『（新版）平成皇室事典』（主婦の友社）
皇室事典編集委員会編著『皇室事典』（角川学芸出版）
吉田祐二『天皇家の経済学』（洋泉社）
清水一郎・畠山和久監修『平成の皇室事典』（毎日新聞社）
藤樫準二『皇室事典』（明玄書房）
井原頼明『増補　皇室事典』（冨山房）
金森徳次郎『憲法うらおもて』（学陽書房）
伊藤博文『皇室典範義解』（国家学会）
久能靖『天皇の祈りと宮中祭祀』（勉誠出版）
中村政則『象徴天皇制への道』（岩波書店）
西修『日本国憲法を考える』（文芸春秋社）
横田耕一『憲法と天皇制』（岩波書店）
鈴木正幸『皇室制度―明治から戦後まで』（岩波書店）
外池昇『検証　天皇陵』（山川出版社）、『天皇陵論』（新人物往来社）

黒田久太『天皇家の財産』（三一書房）
川田敬一『近代日本の国家形成と皇室財産』（原書房）
米田雄介編『歴代天皇年号事典』（吉川弘文館）
歴史百科編集部編『皇室の百科事典』（新人物往来社）
歴史読本編集部編『歴代天皇125代総覧』（新人物往来社）
山本雅人『天皇陛下の全仕事』（講談社）、『天皇陛下の本心　25万字の「おことば」』（新潮社）
高橋紘『象徴天皇』（岩波書店）
笠原英彦『歴代天皇総覧』（中央公論新社）、『象徴天皇制と皇位継承』（筑摩書店）
『明治天皇』（中央公論新社）
所功『象徴天皇「高齢譲位」の真相』（ＫＫベストセラーズ）
小田部雄次『皇族』（中央公論新社）、『天皇皇室を知る辞典』（東京堂出版）
古川隆久『昭和天皇』（中央公論新社）
井上亮『天皇と葬儀』（新潮社）
浅見雅男『皇族と天皇』（筑摩書房）、『闘う皇族』（角川学芸出版）
皇室法研究会編『現行皇室法の批判的研究』（神社新報社）
神社本庁教学研究所編『皇室法に関する研究資料』（神社本庁）
神社本庁総合研究所編『皇室祭祀に関する資料集』（神社本庁）
末広厳太郎他『現代法令全集（皇室篇）』（日本評論社）
帝国学士院編『帝室制度史』（ヘラルド社）
杉浦重剛『昭和天皇の教科書　教育勅語』（勉誠出版）

吉田裕・原武史編『岩波　天皇皇室辞典』（岩波書店）
野尻一郎『皇室の儀制と敬語』（新光閣）
宮内庁ホームページ（http://www.kunaicho.go.jp/）

（順不同）

※なお、他にも論文など、皇室制度にかかる多くの先学の研究業績などによるものも多く、本書に掲げた参考文献・資料は、あくまで一部である。

おわりに

本書執筆の契機となった平成二十八年八月八日の今上陛下の「おことば」以後、国民的な関心のもとに政府、国会において尽力がなされた結果、同二十九年六月十六日に「天皇の退位等に関する皇室典範特例法」は公布された。これにより、近い将来、光格天皇以来、約二百年ぶりに天皇の譲位がなされることになるが、この皇室典範の特例法の施行によっていずれ、「上皇」「天皇」「皇嗣《こうし》」が並び立つ状況が訪れることは、まさに現行皇室典範の「終わりの始まり」であり、新たな時代・制度に入ってゆくことをも意味する。それゆえに今後も、政府、国会、民間有識者らにおいて安定的な皇位継承にかかる制度的な問題を深く検討する機会が設けられ、わが国の国柄の根幹にかかわる皇室およびその将来についての議論が深まることを切に願うばかりである。

さて、本書は、「よくわかる皇室制度」という大それたタイトルであるが、本書に記したわずか二十ほどの項目のみで神話に連なり、かつ二千年以上にわたる皇室の歴史や制度の沿革、今後の課題などが到底網羅できたわけではないと考えている。ましてや祭祀にかかる用語など、皇室に関しては専門的な語句、難解な表現も多いなかで、キーワードなども加えて解説することで、なるべく平易な表記に努めたつもりではあるが、理解を促すにあたっては説明を要する表現も多く、読者の方々にとっては本書のタイトル通りではなく、「もっとわかりやすく」とお叱りを受けるかもしれない。あるいは、各項目における文章表記に筆者の理解、勉強不足などがあるかも知れないが、その点は、心よりお許しを戴きたいと思う。

また、本書の元となった『神社新報』紙上の連載は、平成二十八年八月八日の今上陛下の「おことば」の発表以降、阪本是丸論説主幹（國學院大學教授）、大中陽輔神社新報編輯長、森下潤同編輯部次長、齊藤智朗國學院大學教授らと幾度となく交わす話の中で生まれたものである。各氏からの励ましがなければ、本書はそもそも生まれなかったものと考えている。刊行にあたり、心より御礼を申し上げる次第である。

筆者が初めて皇室について関心を寄せたのは、小学一年生の冬に祖母から購入して貰った森浩一著『古墳』（保育社）という書籍であり、そもそもは古代吉備の象徴ともいえる造山古墳（岡山県）に興味が沸いて買った本であったのが、應神天皇陵や仁德天皇陵など、巨大な天皇陵を通じて皇室というものについて、おぼろげながら両親などに尋ね、調べていたのを思い出す。

その後、昭和から平成への御代替わりの際の自粛ムードから一転して奉祝ムードへと変わった時期を経て、皇室への学問的関心が強まったのは、伊勢にて過ごした学生時代である。皇太子・同妃両殿下が御成婚の奉告のために伊勢の神宮へと参拝遊ばされる際に、御幸道路に面した皇學館大学の正門前で通過する両殿下の車列に向けて国旗小旗を振ったことが一つの契機だったのかもしれない。

神社本庁奉職時代には、教学研究所の研究事業として取り組んだ『皇室法に関する研究資料』の刊行などにも携わったものの、教学委員として御指導戴いた阪本是丸先生はじめ、当時、教学課の上司であった杉谷正雄神宮参事や、嶋津宣史廣田神社禰宜、同僚であった松本丘皇學館大学教授、畏友の藤田大誠國學院大學教授（いずれも現職）ら「皇室法に関する研究会」メンバーの皇室制度に関する博覧強記に圧倒されるばかりで、研究会ではいくつかの報告をおこなったものの、教示戴くことばかりにて十分に研究をなしたとは言い難いものがあった。それゆえ、まさか自身が皇室制度にかかる連載を『神社新報』紙上にて担当しようなどとは、思いもよらなかったというのが率直な感想である。とはいえども、この連載を担当できたのは、大変光栄なことであったことはいうまでもなく、本書の刊行以降も皇室に関わる諸問題について引き続き関心を寄せつつ、自身の調査や研究、著述を通じて幾許かでも皇室についての理解や関心がより一般へ高まるための役割を果たすことができれば、これ幸いである。

最後に、本書を編むにあたっては、先に掲げた阪本是丸先生はもとより、石井研士先生、牟禮仁先生、神社新報社の前田孝和総務部長をはじめとする刊行を勧めて戴いた諸先生方、また、『神社新報』紙上での連載を一貫して担当戴き、本書の末尾に掲載した戦前期の皇室関係法令一覧の作成をはじめ、諸種の校正の労をとって戴いた半田竜介氏、刊行にあたって校正ほか種々尽力戴いた大岡千織氏、連載当時に種々アドバイスを頂戴した方々に心より感謝と御礼を申し上げる。

平成二十九年九月十三日

國學院大學准教授　藤　本　頼　生

著者紹介

藤本頼生（ふじもと　よりお）

國學院大學准教授、博士（神道学）。

昭和四十九年、岡山県生まれ。

國學院大學大学院文学研究科神道学専攻博士後期課程修了。専攻は、宗教行政論、神道と福祉、都市社会と神社。

著書に『神道と社会事業の近代史』（弘文堂）『神社と神様がよ～くわかる本』（秀和システム）『地域社会をつくる宗教』（編著・明石書店）『神社・お寺のふしぎ100』（監修・偕成社）など。

よくわかる皇室制度

平成二十九年十一月三日　第一刷

著者　藤　本　頼　生

発行　株式会社神社新報社

一五一―〇〇五三

東京都渋谷区代々木一―一―二

電話　〇三―三三七九―八二一一

印刷　三報社印刷株式会社